本研究为"河北省社会科学基金项目"并得到河北经贸大学学术著作出版基金和河北经贸大学会计学院河北省重点学科会计学学科建设基金资助

學術研究

# 控股股东会计行为异化研究

KONGGU GUDONG
KUAIJI XINGWEI YIHUA
YANJIU

高景霄 著

西南财经大学出版社
Southwestern University of Finance & Economics Press

**图书在版编目(CIP)数据**

控股股东会计行为异化研究/高景霄著. 一成都:西南财经大
学出版社,2011.4
ISBN 978 - 7 - 5504 - 0230 - 0

Ⅰ.①控⋯ Ⅱ.①高⋯ Ⅲ.①股份有限公司—股东—会计行
为—研究 Ⅳ.①F276.6

中国版本图书馆 CIP 数据核字(2011)第 051865 号

**控股股东会计行为异化研究**

高景霄 著

责任编辑:邹 蕊
助理编辑:高小田
封面设计:穆志坚 杨红鹰
责任印制:封俊川

| | |
|---|---|
| 出版发行 | 西南财经大学出版社(四川省成都市光华村街55号) |
| 网 址 | http://www.bookcj.com |
| 电子邮件 | bookcj@foxmail.com |
| 邮政编码 | 610074 |
| 电 话 | 028 - 87353785 87352368 |
| 印 刷 | 郫县犀浦印刷厂 |
| 成品尺寸 | 148mm×210mm |
| 印 张 | 7 |
| 字 数 | 170 千字 |
| 版 次 | 2011 年 5 月第 1 版 |
| 印 次 | 2011 年 5 月第 1 次印刷 |
| 书 号 | ISBN 978 - 7 - 5504 - 0230 - 0 |
| 定 价 | 22.00 元 |

# 前　言

　　会计行为是人类行为的一种，会计实质上是一个行为过程。会计行为过程的后果表现为会计所产生的会计信息。会计行为正当合理时，产生的会计信息是真实的、高质量的。然而，一旦会计行为发生了异化，生成的会计信息必然偏离经济业务的实际情况。随着股权的集中，控股股东与小股东的代理问题成为委托代理的主要问题。控股股东在公司治理中具有积极作用，但在利益最大化需要驱使下，控股股东以侵占小股东利益为动机，在内部公司治理不能有效约束其权力和外部会计管制不力的情况下，由控股股东操纵的会计行为异化将会发生。

　　本书采用规范研究与实证研究相结合的方式，在对国内外相关文献研究的基础上，运用行为学、会计学、公司治理理论分析了控股股东会计行为异化的形成机理，并建立了控股股东会计行为异化的识别模型，据此提出了相应的治理对策。

　　在全面介绍国内外会计行为异化研究成果的基础上，在第 2 章首先介绍了研究的理论基础。根据行为学理论分析了控股股东的需要、动机、激励和行为的关系；运用会计学理论分析了会计信息的有用性，由于会计信息的不对称，控股股东可以利用信息优势侵占小股东的利益，所以应加强会计管制；依据公司治理理论分析了由于我国的公司治理机制不能有效约束控股股东的权利，使其控制了会计行为过程，导致了会计行为异化的发生。

第3章：控股股东会计行为异化的形成机理。在股权集中的情况下，经营者基本上被控股股东所控制；在股权分散的情况下，控股股东通过与经营者合谋，演变为实质上的会计行为主体。控股股东为了实现利益最大化的需要，以侵占小股东利益为动机，在公司治理不能有效约束控股股东的权利、外部监管不力的情况下，形成了由控股股东操纵的会计行为异化。

第4章：案例分析。本章详细分析了重庆实业控股股东会计行为异化的过程。重庆实业的控股股东会计行为异化的动机在于通过侵占小股东利益以实现自身利益最大化。由于控股股东几乎控制了企业的所有重大决策，因此，重庆实业的各种行为已经体现为控股股东的独立意志。掌握着企业控制权的德隆为了自身价值的最大化，在控制重庆实业董事会及经理层的情况下，通过操纵利润、虚假信息披露等方式侵占小股东利益，而监管部门并没有起到应有的作用，致使重庆实业会计行为异化发生。

第5章：控股股东会计行为异化识别模型的构建。根据中国证监会的处罚公告以及相关资料，笔者以受到证监会处罚的公司和未被处罚的公司作为研究样本，对有关数据进行了描述性分析，并建立了基于公司治理和财务指标的控股股东会计行为异化的识别模型，并对预测结果进行了检验。

第6章：控股股东会计行为异化的控制。根据控股股东会计行为异化的形成机理及会计行为异化的识别模型，提出了控制会计行为异化发生的对策：通过完善公司治理，以形成对控股股东权力的制衡。同时，加强对小股东的保护和会计管制，以抑制会计行为异化的发生，保证会计行为结果与会计行为目标一致。

我国的大部分上市公司股权都较集中，控股股东在公司治理中起着非常重要的作用。控股股东具有内在监督经营者的积极性，但由于控制权私人收益的存在，控股股东可以利用控制权通过会计行为异化的方式侵占小股东利益，达到自身利益最大化的目的。因此，从控股股东的角度研究控股股东会计行为异化对我国经济的发展具有重要的现实意义。

# 目　录

# 1 导论

## 1.1 研究目的与意义

会计行为是人类众多行为中的一种，会计实质上是一个行为过程。会计行为过程的后果表现为会计所产生的会计信息。会计行为正当合理时，形成的会计信息是真实的、高质量的。然而，一旦会计行为发生了异化，形成的会计信息必然偏离经济业务的实际情况。会计信息质量的高低直接影响到使用者的决策，会计信息的真实性是会计信息使用者做出正确决策的基本前提和条件。真实的会计信息是市场经济平稳运行的重要基础，正当的会计行为是会计信息客观反映经济业务的基本前提。会计信息作为一种重要的社会资源，在促进社会资源优化配置、加强企业内部经营管理和国家宏观调控等方面起着重要的作用。目前，各个国家都不同程度地存在着会计行为异化的情况，危及资本市场的健康发展。各国都将规范会计行为、提高会计信息质量作为重要工作任务，并出台了许多相关措施，但会计行为异化现象并没有得到根本性遏制，会计信息的质量并未得到实质性提高。

会计行为异化给人类社会的经济发展带来了巨大的灾难。

在美国，全世界最大的能源交易商安然公司、美国第二大长途电信营运商世界通信公司等相继因提供的会计信息没有真实地反映企业的经营情况被查处，全世界为之震惊。这也直接导致了安然公司以及为安然提供审计服务的安达信会计公司、世通公司的破产，世通破产时资产总额高达1 070亿美元，成为美国有史以来最大的破产案件。尽管美国自认为有着全世界最完善的会计信息质量保障体系，有着最规范的信息披露制度，但依然无法阻止一系列会计行为异化的发生。这些会计行为异化的发生不仅给广大投资者和债权人带来了无法弥补的损失，同时，还使社会公众对企业提供的会计信息失去了信任，并对全世界的资本市场产生了深刻的影响。

当美国的资本市场正承受着因上市公司会计丑闻而产生的诚信危机时，我国的资本市场也同样面临着诚信危机。目前，我国的市场经济正在得到快速、稳定的发展，资本市场的功能也得到进一步的完善。但是，由于我国的资本市场尚未成熟，公司治理结构尚未形成权力制衡的格局，市场监管经验不足，上市公司提供的信息往往不能客观反映其真实的经营情况，从而遭到中国证券监督管理委员会（以下简称证监会）的查处。虽然目前被查处的上市公司只占我国上市公司整体的很少一部分，但是这些案件所反映出来的问题却非常严重，许多上市公司的财务舞弊都是连续几年，持续的时间较长，涉及的金额巨大，造成了投资者利益的损失，扰乱了资本市场的正常融资功能，影响了社会资源的优化配置。如果不能及时有效地遏制这种会计行为异化的发生，任其泛滥，就可能阻碍我国资本市场的健康发展。

我国的大部分上市公司股权都较集中，控股股东在公司治理中起着非常重要的作用。控股股东具有内在监督经营者的积极性，但由于控制权私人收益的存在，控股股东可以利用控制权通过会计行为异化的方式侵占小股东利益，达到自身利益最大化的目的。因此，从控股股东的角度研究会计行为异化的形成机理以及如何有效地识别和监管会计行为异化都有着重要的现实意义。

### 1.1.1　有利于资本市场的健康发展

其他国家与我国发生的一系列会计行为异化事件给资本市场带来了沉重打击。会计信息是会计行为的结果，正当的会计行为形成真实的会计信息，异化的会计行为提供的会计信息必然扭曲客观事实。而会计信息质量的高低直接影响使用者是否能够做出正确的投资决策，与资本市场的健康运行休戚相关。因此，研究控股股东会计行为异化，规范其会计行为，是资本市场健康发展的保证。

### 1.1.2　有利于推动公司治理理论的研究

国外学者针对我国会计行为异化情况进行研究的较少。一方面，可能是因为我国资本市场起步较晚，很多研究数据无从取得；另一方面，可能是因为我国资本市场有其自身的特殊性，与其他国家不具可比性。国内学者在对会计行为异化的研究中，主要集中在传统的经营者与股东之间的代理问题，从经营者的视角来研究会计行为异化问题。而随着股权的集中，企业越来越受到强势控股股东的控制，控股股东与小股东之间的代理问题成为公司治理的主要问题。在股权集中的情况下，控股股东控制了企业；在股权分散的情况下，控股股东通过与经营者的合谋演变为实质上的会计行为主体，因此，从控股股东的视角来研究其会计行为异化问题，有助于丰富公司治理理论，有助于对会计行为异化的进一步研究。

### 1.1.3 保护小股东的权益不受侵害

在股权集中的情况下，控股股东通过会计行为异化方式损害了广大小股东的利益。特别是我国，保护小股东的法律体系不健全，控制权市场基本不存在，使控股股东的利益基本不受其他股东的约束，控股股东凭借掌握的控制权侵占小股东的利益。而从小股东保护与其经济效应的关系来看，大量的实证研究已证明，良好的投资者保护，有利于促进资本市场的发展，提高资源的配置效率；有助于企业减少融资成本，获得更多的外部资金；有助于企业经营业绩和市场价值的提高。保护小股东权益不受侵害是建立与完善资本市场的必要条件，如果没有一个良好的小股东权益保护环境，资本市场很难起到其融资功能，难以发挥应有的对经济的促进作用。而且，从小股东的角度来看，了解控股股东通过会计行为异化方式以实现其利益侵占的目的，有利于小股东免受其侵害，从而选择合适的投资对象，取得合理的投资回报。

### 1.1.4 有利于监管层提高监管效率

从会计管制的角度来看，在深入分析会计行为异化形成机理的基础上，有助于监管层了解控股股东会计行为异化的手段并对其进行有效的识别，以便有针对性地制定监管政策，并对会计行为异化实施有效的监管，以降低会计行为异化的发生，促进我国资本市场的规范、健康地发展。

# 1.2 国内外研究综述

## 1.2.1 关于控股股东的综述

目前，不同的研究者因研究对象的不同，对控股股东的界定千差万别。在早期的公司法理论中，由于股权结构相对简单，主要从资本控制的角度对控股股东进行法律界定，单纯认为持股比例只要占到公司股本 50% 以上，就能够对公司实施控制从而成为控股股东。但随着股权的日益分散，股东通过企业合并和连锁董事等方式可以实现控制公司，并不需要必须持有公司半数以上股份，因此，对控股股东的界定也随之发生变化，从单纯的量的界定进而转向实质标准。如美国就采用了实质标准，新泽西州公司法规定，如果一个公司所拥有的另一公司的股权使之足以操纵该公司董事的选举，即可认定为控股股东；宾夕法尼亚州公司法规定，如果一个公司能够实际控制另一公司人事的变动，则认定为控股股东。美国法律协会制定的《公司治理原则：分析与建议》第 1 部分第 10 条从形式和实质两个标准对控股股东做出了界定：首先，通过自己所拥有或者通过第三人所拥有的股权在该公司已发行的具有表决权的股份总数中超过半数的即可认定为控股股东；其次，即使不符合形式标准，如果能够实质上对公司发生的重大问题行使支配权力的，也应认定为控股股东。美国的研究者大多认为判定一公司是否是控股股东，不应主要根据是否超过半数来认定，而应根据是否能够具有控制从属关系，即从实质关系来认定。

德国法律规定，如果一个公司能够直接或间接地对另一个公司施加控制性影响，即可认定为控股股东，即从实质标准来认定；日本商法则主要根据所拥有的股权比例来认定，而不重视是否具有实质上的控制从属关系，即主要从数量标准来认定。从公司的实际情况来看，即使拥有较低的股权比例，也可以通过控制董事的人选、掌握被投资公司的核心技术等，实现对被投资公司事实上的控制。因此，单纯根据量的规定来认定控股股东难以反映实际情况中的各种实际的控制，采用实质标准认定控股股东是大势所趋。也就是说，根据量的标准来认定控股股东仅是判定是否是控股股东的原因之一，通过其他途径而能够事实上控制被投资公司的也应认定为控股股东。

在采用实质标准认定控股股东的情况下，"控制"的界定成为判定是否是控股股东的关键。一般情况下，"控制"股东凭借股权优势及其他优势，能够对被投资公司的生产经营、高级管理人员的人选等施加支配性的影响，使之按照自己的需要来经营。所以，只有能够对公司行使控制权的才是控股股东，而不能仅仅根据其持股比例来判定[1]。

在我国，《上市公司章程指引》第41条规定，控股股东是指具备下列条件之一的股东：①此人单独或与他人一致行动时，可以选出半数以上的董事；②此人单独或与他人一致行动时，行使公司30%以上的表决权或者可以控制公司30%以上的表决权的行使；③此人单独或与他人一致行动时，持有公司30%以上的股份；④此人单独或与他人一致行动时，可以以其他方式在事实上控制公司。上述所称"一致行动"是指两个或者两个以上的人以协议的方式（不论口头或者书面）达成一致，通过其中任何一人取得对公司的投票权，以达到或者巩固控制公司目的的行为。我国对控股股东的认定坚持了形式标准和实质标准相结合的原则。本书定义的控股股东是指股东单独持有或通过第三方持有的股权比例使其能够对公司的重大事项施加影响，进而达到控制上市公司的目的。而大股东则是指在上市公司中拥有较多的股权比例，其他则为小股东。

　　控股股东在公司治理中的积极作用在理论和实证研究中都得到了证明。控股股东的存在，有利于经营者与外部股东之间代理问题的解决。如詹森（Jensen）和梅克林（Meckling）[2]认为，在股权集中的情况下，有利于大股东对经营者的监督，而且由于控股股东的存在可以减少经营者与股东之间的谈判费用，从而有利于提高企业价值。施莱佛（Shleifer）和维什尼（Vishny）[3]认为，在股权分散的情况下，由于监督外部性的存在，没有股东愿意认真履行其监督职能，都想"搭便车"；相反，在股权集中的情况下，对控股股东来讲，其履行监督职能的外部性较小，从而有利于其很好地监督经营者。格罗斯曼（Grossman）和哈特（Hart）[4]、别布丘克（Bebchuk）[5]以及布尔卡特（Burkart）、格罗姆（Gromb）和帕农齐（Panunzi）[6]也分别通过理论模型得出了类似的结论。另外，凯尔（Kyle）和比拉（Vila）[7]也得出结论，控股股东的存在增加了企业被接管的可能，而企业被接管有利于企业价值的提高，这与施莱佛（Shleifer）和维什尼（Vishny）[3]得出的结论非常相似。施莱佛（Shleifer）和维什尼（Vishny）[8]进一步的研究表明，在不发达国家，股权集中的优势更加明显，因为在这些国家所有权不明确或在司法体系中未能得到很好的保护，而控股股东的存在能够弥补司法体系的不足，起到加强对保护小股东的作用。

　　控股股东存在的好处在实证研究中也得到了检验。麦康奈尔（McConnell）和瑟维斯（Servase）[9]通过实证研究证明，股权集中度与企业价值正相关。另外，霍尔德内斯（Holderness）和希恩（Sheehan）[10]、巴克利（Barclay）和霍尔德内斯（Holderness）[11]也通过实证证明，在企业中，控股股东能够更好地实施对经营者的监督，从而提高企业的价值。安德森（Anderson）和里布（Reeb）[12]发现，在美国标准普尔500家最大的企业中，企业的创立者及其家族集中持有约 1/3 的股权，这些控股股东在提高企业价值方面起到了重要作用。通过对美国上市公司的研究表明，股权的集中有利于控股股东更好地监督经营者和代理成本的减少，从而其他股东的利益也因对控股股东的监督得到提高。

此外，贝希特（Becht）和罗埃尔（Roel）[13] 的研究也表明，在大部分欧洲国家，股权的集中不仅是公司内部治理机制的重要组成部分，而且那些掌握了相当控制权的大股东能够认真履行监督职能，从而保护了其他股东的利益[14]。

陈小悦和徐晓东[15] 对 1996—1999 年在深交所上市的除金融性行业以外的公司进行了研究，在对这些公司进行股权结构与企业绩效相关关系的检验中发现，在非保护性行业，第一大股东持股比例与企业业绩正相关。

谢军[16] 以 763 家上海证券交易所上市公司 2003 年的横截面数据为样本，验证了股利政策（现金股利发放率）和第一大股东持股以及企业成长性机会之间的统计关系，考察了股利政策的股权效应，并比较分析了企业成长性机会对股利政策股权效应的影响程度，得出了第一大股东的权力强化有助于优化公司的股利政策和投资决策以及第一大股东是改善公司治理机制和激励机制的重要渠道。

控股股东在公司治理中起到了一定的积极作用，但控股股东的存在对公司治理亦有一定的消极作用。

在股权集中的情况下，虽然控股股东的出现可以起到有效监督经营者的作用，减少经营者与股东之间的代理成本，但同时又导致了另一类代理成本，即控股股东与小股东代理问题的出现，控股股东利用控制权的优势可能侵占小股东的利益。格罗斯曼（Grossman）和哈特（Hart）[4] 的研究表明，由于大股东的存在，他们会利用其较高的股权比例所形成的控制权侵占小股东的利益，从而导致控制权收益的产生，他将控制权收益分为两种，即私有收益和证券收益。帕加诺（Pagano）和罗埃尔（Roel）[17]；约翰逊（Johnson）；拉波尔塔（La Porta）、洛佩斯德－西拉内斯（Lopez－de－Silanes）和施莱佛（Shleifer）[18]（简称LLS）认为，当大股东拥有私人信息时，他们能够采用以低于股票价值的价格侵占小股东的利益，在特殊情况下，他们能够将上市公司中属于小股东的利益转移到他们控制的公司中。约翰逊（Johnson）[18]等并且提出了"掏空"的概念来表示控股股东为了自身的利益而将公司的财物和利润转移至公司外的行为。

施莱佛（Shleifer）和维什尼（Vishny）[8]在其著名的综述中归纳出"当公司的控制权基本上由大股东控制时，他们更倾向于创造由自己享有的控制权私人收益，而这些收益并不能由小股东分享。"拉波尔塔（La Porta）、洛佩斯德－西拉内斯（Lopez－de－Silanes）和施莱佛（Shleifer）[19]进一步归纳出"在多数企业中要解决的主要代理问题是如何限制控股股东掠夺小股东"。克莱森斯（Claessens）、贾恩克（Djankov）和朗（Lang）[20]发现，只要存在控股股东与小股东的利益冲突，就存在控股股东侵占小股东利益的可能。

法乔（Faccio）、朗（Lang）和杨（Young）[21]对西欧和东亚的研究表明，他们发现的代理问题也主要是控股股东对小股东利益的侵占。伯格斯特龙（Bergstrom）和吕德奎斯特（Rydqvist）[22]对瑞典的研究发现存在大股东侵占小股东利益的现象。施莱佛（Shleifer）和维什尼（Vishny）[8]对韩国的研究，魏因施泰因（Weinstein）和雅非（Yafeh）[23]对日本的研究，韦斯（Weiss）和尼基京（Nikitin）[24]对捷克共和国的案例分析中也发现存在控股股东侵占小股东利益的情形[14]。

约翰逊（Johnson）等[25]研究证明在东亚国家，严重的家族控制和低效的法律保护导致了控股股东猖狂的"掏空"行为是引发1997—1998年的亚洲金融危机的主要原因。李（Lee）和肖（Xiao）[26]认为中国上市公司的现金股利可能是大股东侵占小股东利益的手段，上市公司股利支付主要受大股东利益侵占动机的驱使，股权集中度高的公司较多地利用派发现金股利向大股东输送利益。

李增泉、孙铮、王志伟[27]基于我国上市公司2000—2003年间的4 150个观测点的分析结果表明，在控制其他因素的影响后，控股股东占用的上市公司资金与其持股比例之间的线性关系表现为先正向后反向，但与其他股东的持股比例却表现为严格的负相关关系。

唐宗明、蒋位[28]以发生在1999—2001年的88家上市公司共90项大宗国有股和法人股转让事件为样本，对我国上市公司大股东利用控制权侵害中小股东的行为进行了实证分析。结果表明，控制权的价格与大股东可能从控制权中获得的私有收益成正相关关系，平均控制权溢价近30%，并且公司规模越小，透明度越低，中小股东利益受侵害程度越高。横向的国际比较也表明，中国上市公司大股东侵害小股东的程度远高于英、美等国，低于泰国、菲律宾，与印尼相近。

在一些投资者保护较差的国家，控股股东侵占小股东的情况比较突出。良好的投资者保护机制可以有效地遏制控股股东的侵占行为。控股股东的侵占行为严重侵蚀了外部投资者的利益，将严重影响资本市场的健康发展。做为有限理性的经济人，追求自身利益最大化是控股股东和经营者进行公司治理的前提，他们对公司和小股东利益的侵害必然影响资本市场的健康发展。伯特兰德（Bertrand）等[29]进一步指出，"掏空"可能降低整个经济的透明度以及造成会计收益的虚假，从而外部投资者难以对企业的财务状况及经营成果进行准确的评价。

### 1.2.2 会计行为异化内涵的综述

（1）关于行为的综述

"行为"一词在心理学中被赋予了不同的含义。行为是指"受思想支配而表现在外面的活动，是人类在日常生活中所表现出来的一切动作的全称"[30]，即"行为具有一定的目的，至少是有意识的"[31]。

以华生为代表的行为主义心理学家，把人与动物对刺激所作的一切反应都称为行为，并分为内隐行为和外显行为。内隐行为是指"一个人的思维、想象、记忆等内在的心理活动"，例如，人们的观望、动机、态度、感情等；外显行为是指"一个人的活动、动作，如写字、说话、操作等"[32]。

现代心理学认为，行为是指在主、客观因素影响之下产生的外部活动，既包括有意识的行为，也包括无意识的行为，在正常情况下，人的行为一般都是有意识的。

经济心理学家通过对人们在经济方面的行为研究认为，行为是一个因欲望而产生动机，因欲望满足而终止的过程，并引入了经济行为的概念。法国心理学家阿布尔对经济行为有过生动的描述："经济行为是指经济单位为了在一个以物资匮乏为特点的背景中，活得好些、更好些，而展开的全部物资的和象征的活动，这不仅是指解释世界，而且更重要的是改造世界。"[33]作为人类的经济行为具有以下主要特征：①经济行为产生的动因是人们内在的基本生存需求；②它是与人类社会相始终的；③经济行为的目标是滚动式、不断发展，永远不会停留在一个水平上；④利益对经济学行为的支配作用十分明显。

奥地利著名行为学家贝培朗在《人的系统》中将行为定义为"人的特性取决于有理性的行为，这种行为是由对作为目标的符号的预期所决定的"[31]。以上定义都明确提出了行为的主体是人，其本质是对所处环境引发的内在生理和心理变化的外在反映，是人类特有的活动方式。

（2）关于会计行为的综述

关于会计行为，日本会计学者番场嘉一郎认为："会计行为是提供会计信息的行为，即会计信息的生产和分配活动。具体说来，就是记录、计算和报告或测定与传递会计信息的行为。"[34]

美国会计学家亨德里克森[35]认为会计行为是会计行动的外部表现。

我国学者毛伯林[36]认为："会计行为，就是指以总会计师为首的企业会计组织，在会计目标的驱动下，由外部环境、内部机制结构交互制约和作用所产生的具有内在规律性，体现国家和企业行为特征的现实和能动的反映活动。"

张兆国[37]认为会计行为是会计行为主体在会计目标的驱动下，应用现代科学管理理论和方法作用于会计对象（生产、分配会计信息和利用会计信息及其他相关信息参与企业经营决策与管理）和对内在因素和外在环境的影响作出反应的一种有目的、有意识的能动的会计实践活动。

吴水澎[38]认为会计行为是在内部动因和外在环境刺激下，通过会计行为目标的驱动，由会计行为主体应用现代会计理论与会计计量等技术方法和手段作用于会计客体，生成、披露和利用会计信息，参与企业经营决策和外部控制，但同时又受客体影响和制约的具有能动性的、有目的的一种社会实践活动。

一般而言，会计行为是会计行为主体为了实现会计行为目标，在内部动因和外部约束共同作用下产生的结果。

（3）关于会计行为异化的综述

会计行为是一系列制度安排的结果，当制度安排能够有效地约束会计行为主体的行为时，其会计行为往往是正当的；而在制度安排失效的情况下，会计行为主体为了实现自身利益最大化，会计行为则很可能会发生异化。

本书把会计行为异化定义为：会计行为主体为实现不正当的会计行为目标，在缺乏有效的制度安排或制度执行被扭曲的情况下，应用现代会计理论与技术方法，故意通过编制虚假或容易误导的财务报告，使财务报告不能客观、真实地反映经济业务的实际情况，从而影响财务报告使用者的投资决策行为。会计信息是会计行为的结果，是会计通过一系列特有的会计程序对企业经济活动界定与计量的结果。会计信息失真是企业正当会计行为被扭曲后发生异化的结果，会计行为异化则是在种种利益驱动下对正当会计行为的扭曲和背离，具体包括财务舞弊、盈余管理、选择性信息披露、购买审计意见等行为。

①财务舞弊（欺诈）

财务欺诈或财务舞弊英文表述为 Financial Statement Fraud，Financial Reporting Fraud 或 Financial Fraud，我国会计界通常把"Fraud"翻译为"舞弊"。由于财务舞弊严重影响了资本市场的融资功能，损害了投资者的利益，国内外学者纷纷展开了对财务舞弊的深入研究：齐姆贝尔曼（Zimbelman）与奥夫曼（Hoffman）[39]认为财务舞弊是"故意地错报财务报告的行为"。李（Lee）、英格拉姆（Ingram）和霍华德（Howard）用列举的方式表明：财务舞弊就是系统性的操纵；财务舞弊还可以是管理当局故意瞒报财务报表附注，而不需要操纵盈余，比如管理当局故意将已经存在的或有负债、债务合同和关联交易等不予披露；通过操纵折旧导致经营结果的歪曲。但他们认为，违背 GAAP 不一定就导致舞弊，比如管理当局确信在公司特定的环境下，应用 GAAP 并不是最合适的时候。其暗含的观点是，除了这种情况外，故意违背 GAAP 的会计行为构成财务舞弊[40]。

美国《审计准则公告》第 16 号对舞弊的解释是："故意编

造虚假的财务报告，如管理人员蓄意虚报，有时指管理人员的会计信息舞弊、盗用资产，有时称作盗用公款。财务报表中的舞弊可能是下列原因引起的：漏列或错误地反映事项与经济业务的结果；篡改、伪造记录或文件；从记录中或文件中删除重要的信息；记录没有实现的交易；蓄意乱用会计原则以及为管理人员、雇员或第三者的利益随意侵吞资产。在这些活动中可能伴随着使用或容易使人误解的记录或文件，有时会涉及一个或多个更多的管理人员、雇员或第三者。"

我国《中国注册会计师审计准则第 1141 号——财务报表审计中对舞弊的考虑》中对舞弊的定义：舞弊是指被审计单位的管理层、治理层、员工或第三方使用欺骗手段获取不当或非法利益的故意行为。舞弊和错误的区别在于导致财务报表发生错报的行为是故意行为还是非故意行为。

②盈余管理

对于盈余管理，国内外的学者并没有取得共识。斯科特（Scott）[41]认为盈余管理是会计政策选择具有经济后果的一种具体体现。它认为只要企业管理人员有选择不同会计政策的自由，他们必定会选择使其效用最大化或者市场价值最大化的会计政策。施佩尔（Schipper）[42]认为企业管理人员为了获得私人利益而有意对对外报告进行控制。希利（Healy）和瓦伦（Wahlen）[43]认为经理人员通过构造交易和运用会计中的主观判断事项对会计报告进行修饰，从而误导一些利益相关者对公司业绩的判断，或者影响那些有依赖于会计数据合同的执行结果。

对盈余管理的研究大致有两种观点，斯科特（Scott）[41]、施佩尔（Schipper）[42]等认为盈余管理是在公认会计原则范围内的机会主义行为，其动机包括自身效用或公司市场价值最大化（斯科特），及通过"披露管理"获取某些私人利益等（施佩尔）。而希利（Healy）和瓦伦（Wahlen）[43]、章永奎、刘峰[44]

等认为盈余管理已经超越了公认会计原则的范畴，其动机包括影响那些以公司经营成果作为投资决策依据的利益相关者的决策以及那些根据财务报告作为依据签订的契约（希利和瓦伦），并特别强调对盈余的操纵（章永奎、刘峰）[45]。

总而言之，盈余管理都是在一定的行为动机下，在向外提供财务报告时，在公认会计原则内或超越了公认会计原则进行了过度干预，从而使财务报告偏离了中立性，进而对财务报告的使用者产生误解。

③选择性信息披露

会计行为主体在披露会计信息时，可能在信息披露的内容、时间、方式和对象上进行选择。这与会计信息质量的完整性要求相违背。会计信息的使用者很难平等地获取相关信息，因而违反了证券市场的公平原则，导致处于信息劣势的小股东丧失投资信心。

④审计意见购买

美国证券交易委员会（缩写为SEC）（1988）将审计意见购买行为定义为"上市公司寻求其他审计师支持自己的会计处理以满足自身的财务报告的需要，即使这种会计处理会损害财务报告的可靠性"。李爽、吴溪[46]认为，当公司管理当局与现任审计师发生意见分歧时，寻求其他审计师支持自己的会计处理来满足自身财务报告的需要。吴联生[47]认为，审计意见购买一般是指经营者通过一定的方式获得低质量的审计意见，而低质量的审计意见降低了会计信息质量，经营者通过信息不对称获得私人收益而损害了股东的利益。

审计意见与会计信息使用者的利益休戚相关，所以，会计行为主体有通过一定的方式获取自己需要的审计意见的积极性，如直接的贿赂、购买管理咨询服务等。审计师是会计报告的鉴证者，直接影响着会计信息的质量，而审计意见购买行为掩盖了会计行为主体通过信息不对称损害小股东利益的行为。

会计行为异化是会计行为主体为了获取不正当的利益，包括经济利益、政治利益等，违背真实性原则，在会计行为环境不能有效制约其行为的情形下，通过一系列的会计行为过程，进行有计划、有目的、有针对性地提供与真实会计信息相偏离的行为。

（4）关于会计行为异化形成的综述

①关于公司治理与会计行为异化的综述

雷光勇[48]对会计行为异化从利益相关者的角度研究，认为现实中各类利益相关者分配权力与分配能力之间的配对错位和冲突，导致了会计行为异化和财务报告舞弊的发生。同时从代理人的角度研究，认为代理人的自利动机、会计程序与方法的可选择性以及会计收益与股票价格的增量相关性，决定代理人可通过操纵会计行为来满足自己的需要[49]。

陈若华、刘慧龙[50]以我国2001—2003年受到证监会公开谴责的上市公司为代表进行实证分析，结果表明：报酬契约与公司会计行为的不相关性以及控制权收益的隐蔽性，成为我国上市公司会计行为异化泛滥的重要原因。

刘立国[51]等从股权结构、董事会特征两方面对公司治理与财务报告舞弊之间的关系进行了实证分析。结果表明，法人股比例、执行董事比例、内部人控制制度、监事会的规模与财务舞弊的可能性正相关。

瓦茨（Watts）和齐默玛（Zimmerma）[52]，史蒂文·鲍尔萨姆（Steven Balsam）[53]等人的研究均表明，代理人存在为自身效用最大化而操控会计行为，生产失真的会计信息的动机。

在股权结构与会计行为方面，瓦菲尔德（Warfield）[54]等发现，经营者持股或机构投资者增加股权会降低代理成本，同时也降低了经营者操纵财务报告的可能性。

在董事会方面，比斯利（Beasly）[55]的研究表明，在未发生会计行为异化的公司中外部董事的比例明显高于发生会计行为异化的公司。而且，董事会规模越大，公司越可能发生会计行为异化。赖特（Wright）[56]的研究发现，内部董事和灰色董事在审计委员会中的比例与会计信息质量负相关。

综上所述，研究者大多从公司治理的某一个角度就某一个问题对会计行为异化的形成进行了研究，基于传统的委托代理关系——管理者与所有者的委托代理，以管理者作为研究的切入点。但在企业中，随着股权的不断集中，控股股东与小股东的代理问题成为公司治理的首要问题，控股股东居于强势地位，有能力也有动力进行会计行为异化，以实现自身效用最大化。而且现有研究比较分散，未能对控股股东进行会计行为异化的理论基础及形成机理进行系统的研究。

②关于会计管制与会计行为异化的综述

朱茶芬[57]通过对1997—2003年的较长窗口进行分析研究，发现2001年会计管制的强化有效提升了盈余的及时性和稳健性，特别是加速了盈余对经济损失的反应，表明会计管制在一定程度上是有效的，为进一步加强会计管制提供了有力的实证支持。但是，由于我国上市公司的治理结构还存在很多缺陷，不仅导致公司缺乏对高质量盈余的有效需求，而且助长了公司进行报表粉饰和利润平滑的操作。

黄世忠[58]等根据经济学中的公共物品理论，并从社会优化选择的角度，提出了理性的会计监管是确保投资者获得充分信息的重要保证，由政府主导的独立监管模式比民间自律在解决市场失灵、提高信息质量方面更具优势。

刘明辉[59]等认为会计监管作为一种制度安排，由正式规则、非正式约束及其实施机制共同决定了其整体效率和效果，并就如何完善我国上市公司会计监管制度提出了对策。

吴联生[60]认为会计欺诈问题实质上是会计监管的有效性问题。他通过建立两阶段动态博弈模型并对其求解，研究了最优的会计监管目标及如何提高会计监管的有效性。

葛家澍、黄世忠[61]在分析导致安然公司破产的会计审计问题的基础上，探讨了安然事件对美国会计准则制定和注册会计师监管模式的影响，得到了几点启示：不应夸大独立审计在证券监管中的作用，也不应将上市公司因舞弊倒闭的全部责任归咎于注册会计师；不要过分崇拜市场的力量，民间自律不见得是最佳选择；不要迷信美国的公司治理模式，也不可神化独立董事；不能只重视制度安排，而忽视全方位的诚信教育等。

雷光勇[62]认为中国现行的上市公司会计监管模式中，存在着监管主体安排与监管权责配置失衡问题，不利于会计行为异化的治理。对会计行为异化治理提出了三维治理的观点，应该从动机的诱正、过程的控制与结果的监督和惩戒三个维度进行治理，通过构建上市公司会计监管体系及设立上市公司会计监管委员会，可以有效地解决现行会计监管主体安排与权责配置失衡所导致的证券监管效率损失问题。

朱国泓[40]认为我国上市公司财务报告舞弊的治理，应该强调"激励优化"与"会计控制强化"两者并重且相互促进的二元治理方略。在会计控制问题上，应该强调内部会计控制与外部会计控制良性互动的系统型会计控制。

美国"反对虚假财务报告委员会"下属的"发起组织委员会"（缩写简称 COSO）[63]在"舞弊性财务报告1987—1997"中建议注册会计师为了尽可能地发现舞弊性财务报告，降低审计风险，应做到以下几点：①对被审计单位的持续经营保持足够的重视；②与前任注册会计师进行充分的沟通；③关注内部控制和董事会的有效监督情况，弱化的董事会和缺乏经验的审计委员会应引起审计师的足够重视；④审计师应关注财务报告以外的因素；⑤考虑被审计单位的行业因素。

在安然公司会计造假案发后，2002 年 7 月 25 日，美国国会通过了《2002 年萨班斯—奥克斯利法案》（Sarbanes－Oxley Act of 2002）。法案的一项重要内容是建立独立于美国注册会计师协会的监督机构——公众公司会计监督委员会来实施对注册会计师行业的监管，会计行业的监管权由原来的行业自律组织转向行业外的独立机构；明确规定注册会计师不得向客户同时提供审计和非审计服务；建立独立的由公众参与的监督机构履行对会计行业的监管；要求会计准则制定机构更加独立；严惩财务报告的违法违规行为等。该法案在进一步提高会计信息和审计质量，保证注册会计师审计独立性方面发挥了重要作用[64]。

综上所述，在关于会计管制与会计行为异化的研究中，大部分研究者证明了会计管制在提高会计信息质量，规范会计行为方面的重要性，以及应如何改进和完善会计管制。但他们的研究大多局限于会计管制是否有利于抑制会计行为异化以及如何抑制异化，并没有深入研究会计管制与会计行为异化之间的互动关系，以及会计管制与会计行为异化是如何达到博弈均衡的。

# 1.3　研究内容与方法

## 1.3.1　研究内容

会计行为主体及其行为方式决定着会计信息质量的高低，影响着资本市场的健康发展。由于控股股东与小股东的代理问题成为公司治理的主要问题，本书从控股股东的视角分析了控股股东会计行为异化的形成机理，并建立了识别模型，提出了相应的的治理对策。全书共6章。

第1章：导论。本章主要分析了研究的目的与意义，国内外关于会计行为异化的研究综述，研究内容、方法等。

第2章：控股股东会计行为异化的理论基础，主要介绍了行为理论、会计理论和公司治理的基本理论。

第3章：控股股东会计行为异化的形成机理。控股股东会计行为异化的发生，一方面有其发生的动机，另一方面还有其发生的环境因素。控股股东为了实现自身利益最大化的需要，在侵占小股东利益的动机驱使下，在内部公司治理失衡和外部会计管制不力的情况下，形成了由控股股东操纵的会计行为异化。

第4章：案例分析。控股股东往往通过会计行为异化的方式实现侵占小股东利益的目的。本章以重庆实业为例分析了德隆先后通过控制中经四通、重庆皇丰等关联公司，成为重庆实业股份有限公司的控股股东，并导致了其会计行为异化的形成。

第5章：控股股东会计行为异化识别模型的构建。本章以2004—2009年5月因提供与事实不符的财务报告而被证监会处罚、舞弊年度始于2001年以后的上市公司作为研究样本，建立了基于财务指标和公司治理的会计行为异化识别模型。

第6章：控股股东会计行为异化的控制。本章针对会计行为异化的形成机理及控股股东会计行为异化的识别模型，提出了相应的对策。

第7章：全书总结与研究展望。

## 1.3.2 研究方法

本书旨在基于控股股东的视角分析会计行为异化的形成机理，以降低会计行为异化的发生，在借鉴、吸收前人研究成果的基础上，运用了规范分析、实证分析、博弈分析等方法。

（1）运用规范分析的方法

本书基于控股股东的视角，运用行为理论、会计理论和公司治理理论分析控股股东会计行为异化的形成机理，从而对控股股东会计行为异化进行了追根溯源的分析。

（2）运用实证分析的方法

本书选取受到证监会处罚的公司为样本，建立了基于公司治理和财务指标的控股股东会计行为异化的识别模型。

（3）运用博弈论的分析方法

博弈论是研究决策主体之间行为发生直接相互作用时的冲突和合作的学科。本书运用博弈论分析了控股股东与经营者的合谋；会计管制与会计行为异化之间的关系；注册会计师与控股股东的合谋等。

# 2 控股股东会计行为
   异化的理论基础

　　会计行为异化是会计行为主体为了实现自身利益最大化，在会计行为环境不能有效制约其行为的情况下，提供的会计信息不能客观地反映实际情况的行为。本书主要从行为理论、会计理论、公司治理理论三方面对其进行分析。

## 2.1　会计行为异化的行为理论

　　人的行为是由动机引发的，动机是建立在需要基础上的。需要是个体生存和发展的基础，是人行为的最初原动力，动机是需要的物化和行为的直接驱动力，行为则是前两者外在的必然表现。由需要到动机最终形成行为的过程就是人一切活动的主线[65]。

### 2.1.1　需要

　　需要是指个体由于某种生理上或心理上的缺少或不足而引起的一种内部的紧张状态，是由于缺乏某种生理或心理因素而产生的需求反映，是个体自身或外部的客观要求在大脑中的反映，常以"缺乏感"被体验到，它是人的行为的内部驱动力，是个体活动积极性的源泉，是人类生存和发展的必要条件，个体的行为，总是直接或间接、自觉或不自觉地为了获得某种需要的满足。因此，需要是推动人类行为活动的原动力。正如马克思在阐述社会经济活动源泉时所说的：没有需要就没有生产。[66]

亚伯拉罕·马斯洛于1943年在其《人类动机理论》一书中提出了"需要层次理论"。该理论将人类千差万别的需要归为五类，分别是生理的需要、安全的需要、归属的需要、自尊的需要以及人的自我实现的需要。他揭示了人在生活、工作环境、人际关系、个人得以进步以及希望个人的潜在能力得到最大限度的发挥并有所成就的需要。正是"需要"这种对某种目标的渴求或欲望，决定了人们行为的动机和人们的行为本身。

在企业中，掌握了控制权的控股股东有着各种各样的需要，诸如安全的需要、契约的需要、政治的需要、职务升迁的需要等，在其基本需要得到满足的情况下，作为有限理性的经济人，个人利益最大化成为控股股东的追求目标。正是个人利益最大化的需要，决定了控股股东将通过会计行为异化的方式实现利益侵占的动机。

### 2.1.2 动机

需要是一切行为产生的源泉，而需要只有转化为动机才能成为推动和维持个体行为的内部动力。动机是行为的直接原因，它引起、维持行为并指引行为去满足某种需要，动机是由需要产生的。

动机就是激发、引导和保持一个人行为的内部或外部力量[67]。当人们产生某种需要，而又未能满足时，心理上便产生了一种不安和紧张，这种不安和紧张成为一种内在的驱动力，促使个体采取某种行动。动机是行为产生的内在的直接原因，动机支配行为。也就是说，人的行为是受动机支配的，它引发并维持某一动作，是行为的主要动力。一般地说，人的行为都是为了满足某种需要、达到某个目标。要使人们产生某种积极行为，就要激起人们的某种动机，动机激发起来了，行为也就自然产生了。

动机具有以下功能：

（1）始发功能

动机是人类行为产生的直接原因，驱使人们产生某种行为。控股股东利益侵占的动机直接导致了会计行为异化的发生，因为直接的"偷盗"必然引起小股东的强烈反对，只有通过会计行为异化的方式才能掩盖其利益侵占的实质。

（2）指向功能

动机引导人们作出相应的选择，使人们的活动指向特定的对象，从而使行为朝着特定的方向、预期的目标进行。控股股东一旦将自身利益最大化作为追求的目标，其必然通过控制的会计行为实现利益侵占的动机，力争达到设定的目标。

（3）强化功能

当活动产生以后，如果其活动指向了个体追求的目标，其动机就会加强，这种活动就能继续下去；如果活动偏离了其追求的目标，其动机就会减弱，这种活动就会减少或停止。控股股东在实现利益最大化的过程中，会受到环境因素的影响，如果环境因素不能有效地约束其权力，使其自身利益最大化的目标很容易地实现，便会强化控股股东侵占小股东利益的动机；相反，如果环境因素能够有效地对控股股东的权力形成制衡，促使其以股东利益最大化为追求目标，便会削弱控股股东利益侵占的动机。

控股股东为了实现个人利益最大化的需要，促使其侵占利益相关者的利益，包括小股东、政府、债权人、供应商、雇员等，本书着重研究控股股东对小股东利益的侵占。如果控股股东直接侵占小股东的利益，必然遭到他们的强烈反对并通过"用脚投票"来抗议。所以，控股股东在利益侵占动机驱使下，只有采取隐蔽的方式，通过会计行为异化的方式掩盖其对小股东的利益侵占行为。

### 2.1.3 激励

激励是调动组织成员工作积极性、主动性和创造性的一个过程。激励是指心理上的驱动力，含有形成需要、激发动机、指向特定目标并维持人的行为等内容。具体而言，包括人类行为的动力是什么；人的行为如何被导向特定的目标；怎样维持人的行为。

激励的过程就是激发人的潜在的某种需要，并由此产生动机，使人们具有某种内在的动力，朝所期望的目标前进的心理活动和行为过程[65]。激励的过程如图 2-1 所示：

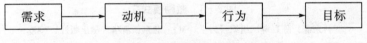

**图 2-1　激励的过程**

资料来源：陈兴淋. 组织行为学 ［M］. 北京：清华大学出版社，2006.

激励模式是对激励过程及基本要素的抽象和概括。激励的过程相当复杂，人们提出了多种多样的激励模式。

（1）激励模式一

这种模式的基本要素是：刺激（内外诱因以及目标、反馈等均可引起刺激）、个体需要、动机、行为、目标和反馈等。此模式是从诱因和强化的观点出发，由需要未满足开始，认为激励是将外部适当的刺激（诱因）转化为内部心理动力，从而强化（增加和减弱）人的行为，以达到一定的目标（如图2－2所示）。

**图2－2  激励模式一**

资料来源：陈兴淋. 组织行为学［M］. 北京：清华大学出版社，2006.

（2）激励模式二

该模式的基本要素是：需要（欲望、愿望、期望等）、行为、目标和反馈等。此模式是从个体的内部状态来看，激励是指人的动机被激发起来，从而对人的行为有强大的推动力量。由需要未满足开始，当需要和动机处于激奋状态时，便推动行为，以达到一定的目标（如图2－3所示）。

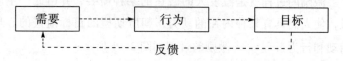

**图2－3  激励模式二**

资料来源：陈兴淋. 组织行为学［M］. 北京：清华大学出版社，2006.

（3）激励模式三

该模式的基本要素是：未满足的需要、心理紧张、动机、目标导向、目标行为、需要满足从而紧张解除、产生新的需要和反馈等。此模式是从心理和行为过程来看的，激励是由一定的刺激激发人的动机，使个体有一股内在的动力，朝所期望的目标前进的过程。未满足的需要是激励的起点，它引起强烈的欲望和心理紧张感，此时给予适当的刺激激发人的动机，使人产生一种内在的驱动力，朝向所期望的目标努力。当目标达到后，需要得到满足，心里紧张感得到解除，激励过程结束。新的需要又会产生，又引起新的一轮激励和行为过程（如图 2 - 4 所示）。

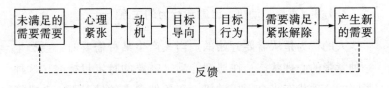

**图 2 - 4　激励模式三**

资料来源：陈兴淋. 组织行为学 ［M］. 北京：清华大学出版社，2006.

上述三个模式分别从外部的诱因、内在的激奋状态和心理与行为的过程这几个不同的角度，揭示了激励过程的一般模式。其基本要素是相同的，都包含需要、动机、行为、目标和反馈等；都是由需要未满足开始，以目标的实现、需要的满足而结束。

激励过程包含刺激变量、机体变量和反应变量。

刺激变量是指对个体的反应能力产生影响的刺激条件或因素，如目标、诱因、反馈信息以及可控制、可变化的环境刺激等。

机体变量是指个体所具有的、对个体的反应有影响的自身特征，如需要、动机、能力等个性特征。

反应变量是指刺激变量和机体变量在行为上引起的变化。

对行为的激励过程，实际上是要使刺激变量引起机体变量（如需要、动机等）产生激活与兴奋状态，从而引起积极的行为反应，以实现预期的目标，提高工作绩效[66]。当控股股东和经营者所处环境不能对其形成有效约束时，便会激励其通过会计行为异化的方式以实现自身利益最大化的需要；相反，当公司治理机制及外部管制能够有效制约其行为，便会激励其以股东利益最大化为目标从而实现自己的利益需求。因此，可以通过显性激励与隐性激励相结合的方式诱导其积极行为，以防止他们合谋通过会计行为异化的方式侵占小股东利益。

### 2.1.4 需要、动机、激励和行为的关系

人的行为是从需要开始的。当人产生某种需要时，会产生一种紧张的心理状态，在遇到能满足需要的特定目标时，这种紧张的心理状态将会形成动机，在条件允许的情况下，动机将驱使人们采取能满足其需求的行为，当达到目标时，紧张的心理状态就会消除，需要得到满足，这时又有新的需要产生。这是一个持续不断、循环往复的过程。需求是人类行为的前提与基础，行为则是需求的外在表现。

动机的产生是有条件的，并非任何需要都会转化成动机。当需要的强度较弱、处在萌芽中时，它以不明显的、模糊的形式反映在人们的意识中，难以推动人们去采取行动，不能产生行为的动机。当需要的强度大到一定程度时，就能被人们清晰地意识到，并在一定的外界条件下，形成动机并产生相应的行为。因此，动机是在需要达到迫切的程度时，由内在的因素和外部的条件相互作用而引起的。

需要是行为产生的必要原因，而动机是行为产生的直接原因，行为是动机的外在表现。需要是产生动机的根源，需要引发了动机，动机导致了行为的发生。但是，并非人们的所有需要都会转化为动机，有了动机并不一定会导致行为的产生。

行为学家库尔特·卢因[68]根据需要、动机和行为的关系，首次提出了关于人类行为的著名公式：

$$B = F (P, E) \qquad (2-1)$$

式中，B 表示行为，P 表示个体的心理和人格，E 表示个体所处的环境，该行为函数表明人类行为是人对不同环境所做出的现实反应活动。意思是说，人类行为乃是由人的内在心理因

素和外在环境刺激所决定，因此，研究人的行为规律，必须从个体心理和环境方面寻找原因，行为则是他们相互作用的结果。会计行为是会计行为主体与会计行为环境作用于会计行为客体的结果。会计行为异化是控股股东在自身利益最大化需要的前提下，基于利益侵占的动机，在控股股东和经营者不能得到有效激励的情况下，控股股东对会计环境的影响所做出的能动反应。

激励的过程就是通过影响人的需求或动机达到引导人的行为的目的，其实质是一种对人的行为的诱发和强化过程。激励在人的行为过程中的作用主要体现在需要的强化、动机的引导及提供行为条件，所以，应通过科学的激励，诱导控股股东和经营者的积极行为，使其以股东利益最大化为追求目标，打破经营者与控股股东的合谋，保障小股东的利益。

控股股东和经营者在个人利益最大化需要的驱使下，萌发了侵占小股东利益的动机。但这种动机未必就能转化为现实，只有在公司治理权力失衡和会计管制不力的情况下，利益侵占的动机才会导致会计行为异化的发生。会计行为异化的产生是会计行为主体在动机与环境共同作用下的行为反映。因此，可以通过激励与约束控股股东和经营者来矫正会计行为异化。

## 2.2 会计理论

### 2.2.1 决策有用性

1978 年，美国财务会计准则委员会（FASB）公布了第 1 号《财务会计概念公告》（SFAC），指出"财务报告应该为现有和潜在的投资者、债权人以及其他使用者提供其做出理性投资、信贷和相似决策所需的有用信息"。英国会计准则委员会（ASB）在《财务报表目标和财务信息质量特征》中也指出"财务报表的目标是提供有关企业的财务状况、业绩和财务适应能力的信息，以便对一系列广泛的使用者在进行经济决策时有用"。国际会计准则委员会（IASC）在第 1 号《国际会计准则》（IAS1，REVISED，1997）"财务报表的表述"中明确了财务报表的目标"通用财务报表的目标是提供对于广大使用者进行经济决策有用的关于企业财务状况、业绩和现金流动方面的信息"，"财务报表还反映管理当局对交托给它的资源的受托责任的履行结果"。

由此我们可以发现，会计目标包括了"受托责任观"和"决策有用观"两种观点，会计目标并不是唯一的，在不同的阶段，虽然有不同的侧重点，但从根本上说并不互相排斥。会计目标与具体的经济环境紧密联系，受制于特定的企业组织形式和经济运行体制。目前，各国准则指定机构和 IASC 在确定财务会计目标时，侧重于将"决策有用"作为首要目标，而将"受托责任"作为次要目标。会计信息使用者根据受托者提供的财务报告了解受托者对资产的保管和使用情况，据以评价受托者受托责任的履行情况，其最终目的是为了更好地进行决策，以决定是否需要调整投资方向、是否需要更换经营者等。

（1）会计信息的使用者

不同的信息使用者有不同的决策需求。对会计信息使用者进行具体的分类，了解不同的会计信息使用者之间不同的需求，有助于会计行为主体提供真正能够满足会计信息使用者决策有用的信息。

对于会计信息使用者的具体划分，IASC 在《关于编制和提供财务报表的框架》，"会计信息使用者及其需求"一节中将其划分为"现在和潜在的投资者、贷款者、供应商和其他的商业债权人、顾客、政府及其机构和公众"。

美国会计原则委员会（APB）在第 4 号公告《企业财务报表的基本概念和会计原则》中将会计信息使用者划分为两大类：一类是与财务报告存在直接利益的会计信息使用者，包括所有者（业主）、潜在的业主、债权人、供应商、管理当局、税收部门、雇员和顾客等；一类是与财务报告存在间接利益的会计信息使用者，包括财务分析专家、新闻机构、工商联合组织、工会等。

ASB 在《财务报告的原则公告》中将投资者直接作为会计信息最重要的使用者。

由此可见，在对会计信息使用者的划分上，各个准则制定机构的观点基本一致。会计信息使用者及其决策需求通常可以划分为以下几类：

①所有者（业主）。他们需要了解受托者对资产的使用和经营业绩的实现情况，以便决定是否继续投资以及是否更换经营者。在控股股东存在的情况下，控股股东通过与经营者的合谋以获取公司真实的会计信息，但那些持有股份比例较低的小股东只能通过公布的财务报告来进行评估。

②债权人。这是指那些向企业提供了贷款或者拥有企业债券的投资者。他们最为关心的是自己发放出去的贷款及其利息是否能够按期收回的信息，以便决定是否扩大信贷规模、修改信贷合同条款等。

③潜在投资者。他们将是企业风险资本的提供者，他们更为关注投资的风险及投资的回报，他们需要那些有助于他们决定是否进行投资的信息。

④政府机构。政府要根据企业提供的会计信息履行宏观调控职能，保证良好的经济秩序，优化资源配置。

⑤企业职工及其团体。职工的福利待遇取决于企业的生产

经营，他们希望自己能够在良好的环境下工作并获得良好的回报，会计信息有助于他们正确地评价企业的经济实力、发展潜力及可能存在的风险。

会计信息的使用者很多，本书主要关注控股股东和小股东：他们同为股东，但由于所持股权比例不同，其获取会计信息的途径亦不同。

（2）有用会计信息的质量特征——相关性和可靠性

投资者对未来企业业绩的预期决定了投资者是否投资，这些预期一般建立在评价企业过去业绩的基础上。要想会计信息最大化地满足投资者预测未来收益的需要，会计信息必须满足相关性和可靠性两个质量特征。

在FASB的会计信息质量特征体系中，相关性和可靠性被并列认为是首要的信息质量特征。相关性由预测价值、反馈价值和及时性三个子质量特征构成，而可靠性也包含了如实表述、中立性（不偏不倚性）和可稽核性（即可验证性）三项内容。

FASB的观点得到广泛认同。如国际会计准则委员会（IASC）在《财务报表的编报框架》中指出，财务报表的质量特征（使财务报表提供的信息对使用者有用的那些性质）主要有四项，即可理解性、相关性、可靠性与可比性。

英国一向注重并坚持"真实和公允"的原则，它经常被视为信息质量的最高标准。ASB于1999年12月发表了一份完整的原则公告（SP）——《财务报告原则公告》。它认为财务信息的质量可分为两类：一类同包括在财务报表中的信息有关，主要是指相关性和可靠性；另一类同包括在财务报表中的信息"表述"有关，主要是指可理解性、披露、可比性、一致性和及时性等。

①相关性

在SFAC中，相关的会计信息是指能够通过帮助会计信息使用者预测过去、现在和未来事件的结果，或证实或更正先前的预期并在决策中起作用的信息。相关性是指与决策相关，具有改变决策的能力，导致使用者的差别是相关性的本质特征。此外，相关性有程度之分，特定信息的相关性在用户之间会变换，会根据其所作出的决策的需要和具体内容而有所不同。信息对决策的影响是通过提高决策者预测能力或提供对先前预期的反馈来实现的。通常，信息同时作用于两者，因为关于行为结果的知识往往能提高决策者预测相似未来行为的能力。缺乏对过去的认知，预测的基础就不存在；缺乏对未来的关注，过去的认知就是无用的。

在会计基本理论说明书（ASOBAT）中，将相关性作为了最基本的会计信息，它体现了所有会计信息应具备的特性。信息要具有相关性，就要有助于经济活动的进行和正确的预测，能够对经济活动产生影响以及施加影响。这与 FASB 所指的相关性应具备"导致决策差别的能力"观点一致。

具体到我们国家，会计信息相关性是指，会计信息必须符合国家进行宏观经济管理的要求、符合企业投资者和债权人进行决策时了解企业财务状况和经营成果以及现金流动情况的需要、满足企业内部加强经济管理的需要。

由此可知，判断一项信息是否具有相关性，主要取决于三个因素，即预测价值、反馈价值和及时性。

预测价值是指因为投资者的决策是面向未来的，所以会计信息能够帮助投资者预测企业以后的财务状况、经营成果和现金流动情况，具有改变投资者决策的能力。比如投资者在预测了其投资的可收回金额、存在的风险及权衡了投资的机会成本后，才能据以决定投资方向，而投资者据以进行预测的基础是企业提供的会计信息。因此，企业的会计信息应有助于投资者预测其未来的财务状况、经营成果及现金流量，才能对投资者的投资决策有所帮助。

反馈价值是指投资者在获得会计信息后，能够据以修正某些以前的认识。会计信息如果证实了投资者过去的决策或更正了过去决策的预测结果，就表明该会计信息具有反馈价值。

会计信息的及时性要求及时收集会计信息、及时对会计信息进行加工和处理以及及时传递会计信息，以满足信息使用者的需要。及时的会计信息不一定相关，但信息不及时，则肯定是不相关的，不及时的会计信息是无用的。

信息能潜在地影响个人的决策，因此，会计行为主体提供的会计信息应该满足相关性和可靠性以利于投资者的决策。

②可靠性

FASB 在 SFAC 中提出，可靠的信息是指真实、可验证和中立的信息。IASC 在《关于编制和提供财务报表的框架》中提出，当会计信息没有重要差错或偏向并能如实反映其所拟反映或理当反映的情况而能供使用者作依据时，其就具备了可靠性。

ASB 在《财务报告原则公告》中关于可靠性的定义与之基本相同。美国会计学会（AAA）的基本会计理论说明书并没有将可靠性单独作为一项信息的质量特征，但在四项基本会计信息准则中包括了可验证性与不偏不倚。

可靠性旨在使那些不能直接观察到财务报告的形成而且又不能对企业实施审计的使用者相信企业公布的会计信息。一般认为，可靠性包括公允披露、中立性、无重大误述、完整性和谨慎性。

所谓公允披露，即客观性，是指会计信息应该以实际发生的经济活动为依据，能够客观地表述企业的财务状况、经营成果和现金流动状况；所谓中立性，是要求会计人员在处理会计信息时，应该保持一种不偏不倚的中立态度；所谓无重大误述，是指会计信息应该反映其所意欲反映的内容；所谓完整性，要求反映在企业财务报表上的会计信息要能够全面反映企业在特定时点的财务状况、特定期间的经营成果以及现金流动情况，数字计算准确；所谓谨慎性或稳健性，是指当存在若干种备选方案时，企业处理会计信息应该从中选择一种不高估企业收入和资产、不低估企业负债和费用的方法，最终确保不高估企业的净资产，也不导致利润虚增[69]。

会计行为主体提供的信息必须相关和可靠，才能有助于投资者的投资决策；否则，会误导其投资方向而导致损失。

### 2.2.2 信息不对称

法马（Fama）[70]的"完美的有效市场"只是人们的一种美好愿望，在现实环境中，人是有限理性的，在个人能力方面也存在着差别，使得建立在信息基础上的资源配置变得极为复杂。1970年，乔治·阿克洛夫发表了《柠檬市场、质量的不确定性与市场机制》，开拓了信息经济学一个全新的研究领域，即以分析市场机制不完备为核心的逆向选择理论。其后，迈克尔·斯彭斯和约瑟夫·斯蒂格利茨分别就信号发送和信号甄别理论进行了深入的研究，从而形成了一套完整的信息不对称理论体系。

信息经济学认为在商业交易中有一些人可能比其他人具有信息优势，亦即信息不对称。通常，信息不对称有以下表现形式：获取信息的来源不对称，即不同的会计信息使用者获取信息的源头不同，比如控股股东通过与经营者的合谋可以直接获取公司经营状况的信息，而小股东只能通过公司公布的财务报告来了解；获取信息的时间不对称，即不同的会计信息使用者在获取公司信息的时间上有着先后的差别，控股股东通过与经营者的合谋可以在第一时间获得公司的财务信息，从而处于信息优势，而小股东只能等到公司向外公布，处于信息劣势；在获取信息的数量上不对称，即不同的会计信息使用者在获取公司信息内容的数量上存在着多少的不同；信息质量不对称，即会计信息使用者在获取公司信息的质量上存在着优劣之分，即信息的真伪不同，经营者由于直接参与企业管理，了解企业真实的财务状况，而小股东只能通过公布的财务报告去探究冰山一角[71]。

信息不对称会导致逆向选择和道德风险问题，并使处于信息劣势的小股东承担额外的信息风险，并有可能导致进行不公平的交易，这不利于资本市场的正常发展。

（1）逆向选择

逆向选择的产生是因为交易参与者或者潜在交易参与者中的一方或多方相对于其他参与者来说具有信息优势，是信息不对称的一种类型。逆向选择的发生是源于一些人，诸如公司管理人员和其他内部人员，比小股东掌握了更多的有关公司当前财务状况、经营成果及未来发展的信息。管理者和其他内部人员可以通过各种途径，以牺牲小股东的利益来谋取他们的信息优势利益。他们通过扭曲或操纵提供给小股东信息的方式来谋取利益，以致影响他们的决策。如果小股东担心信息的可靠性，他们在投资时就会显得格外谨慎，从而导致资本市场和经理人市场无法正常运行。

在资本市场中，典型的逆向选择主要形成两方面的信息不对称：①经营者和投资者（如股东）之间的信息不对称，经营者由于直接参与企业的经营活动，与股东相比，对企业的投资机会、财务状况、经营成果等掌握了更多的信息，而且存在夸大其经营能力以增加与股东博弈砝码的动机，股东因而承担着投资失败的风险。②知情投资者（如控股股东等）和不知情投资者（如小股东）之间的信息差异，控股股东通过控制经营者掌握企业真实的会计信息，而小股东只能通过公开公布的财务报告了解企业的财务状况和经营成果，处于信息弱势[72]，处于信息优势的控股股东与处于信息弱势的小股东进行交易以赚取额外收益，致使小股东的利益遭受损失，小股东承担着与控股股东交易的风险。

（2）道德风险

道德风险是因为交易参与者或者潜在交易者中的一方或多方在交易的履行过程中能够观察到他们的行动，而其他参与方却不能。小股东在进行投资后并不直接参与公司的经营活动，而且由于股权比例较少，公司的经营权和控制权掌握在经营者和控股股东手中，小股东不能观察到他们的全部行动，于是在自身利益最大化的动机驱使下，经营者和控股股东可能侵占小股东的利益，从而使小股东处于投资风险中。由此会产生两类代理问题：在股权高度分散的情况下，表现为经营者和外部股东之间的代理冲突；在股权集中的情况下，表现为控股股东与小股东之间的代理冲突。

第一类代理问题，即经营者和外部股东之间的代理冲突，被称为"贝利—米恩斯命题"。在股权分散的情况下，由于股东履行监督职能发生的成本由进行监督的股东自行负担，而监督收益由全体股东共享，股东之间普遍存在"搭便车"现象，股东的监督权因而被削弱。在所有权与控制权分离的情况下，股东并不能直接观察到经营者的努力程度。经营者与股东的效用函数并不一致，经营者可能出于实现自身利益最大化的动机，做出有损于股东利益的行为，从而形成经营者与股东之间的代理问题。

第二类代理问题，即控股股东与小股东之间的代理冲突。研究发现，现代公司的所有权结构完全不同于被广泛接受的"贝利—米恩斯命题"，在大部分欧洲国家（如德国、意大利、芬兰和瑞典）、拉丁美洲、东亚和非洲等地区的企业中，控股股东控制的现象非常普遍，在法律不健全的新兴市场国家中控股股东控制尤为严重。虽然股权的集中可以使控股股东为了维护自己的利益而加强监督，在公司的经营决策中发挥重要作用，有利于缓解经营者和股东之间的代理冲突，但是控制权的拥有，使得控股股东能够控制企业的经营活动。在小股东利益不能得到有效保护的情况下，控股股东通常采用"隧道挖掘"方式，侵占小股东的利益，由此形成了控股股东与小股东的代理问题。

道德风险以及相应的代理问题如果不能得到有效的遏制，小股东的利益会受到侵占，资本市场的正常运转也会受到影响。一方面，因为代理问题的存在，小股东由于担心自己的投资有可能被侵占，导致其减少投资甚至退出资本市场；另一方面，会计信息是决定投资者是否投资的重要依据，管理者或控股股东有动机歪曲或调节有关指标，以达到侵占小股东利益的目的，增加了市场的信息不对称，使小股东面临投资失败的风险，由此导致的代理问题阻碍了资本市场资源的优化配置，影响了资本市场的健康发展。

### 2.2.3 会计管制

（1）斯蒂格利茨（Stiglitz）的管制理论

斯蒂格利茨（Stiglitz）[73]以信息不对称理论证明了由于市场失灵的普遍存在，从而推导出政府管制经济的必要性。斯蒂格利茨（Stiglitz）认为市场失灵除了存在于公共产品、外部性问题、垄断和自然垄断领域外，还遍布于其他许多市场，因为信息不对称的情况普遍存在于经济各领域。"只要信息是不完善的，或市场是不完全的——基本上往往如此，那么市场就达不到约束条件下的帕累托效率"。"大量的市场失灵为政府干预和提高福利水平提供了空间"。他认为由于信息的不对称和不完备，使得信息不对称产生的市场失灵普遍地存在于经济体系的各个领域，市场失灵导致政府管制的必要。政府在纠正市场失灵方面具有征税权、禁止权、处罚权和交易费用四大优势。

政府管制之所以重要，是因为政府管制具有效率上的比较优势：一是可以节约组织费用，建立一个新的组织去解决市场失灵问题是无用的或成本高昂的，政府作为集合公共意志的机构可以节省大量的组织费用；二是由于集体行动中普遍存在着"搭便车"问题，导致解决市场失灵问题的交易成本急剧上升，而政府的公共产品供给职能可以降低交易成本；三是由于不完善信息市场的存在，信息不对称容易导致"逆向选择"与"道德风险"，而政府可以通过强制信息披露等手段干预信息的形成，以实现通过政府管制机构强制性的要求来避免"逆向选择"问题。

斯蒂格利茨（Stiglitz）同时指出政府管制也存在失灵的情况，主要原因在于政府同样面临信息不完全或信息不对称，而且政府部门存在激励不足和政府垄断导致的寻租活动。但是，斯蒂格利茨（Stiglitz）认为在许多情况下，政府管制的收益大大超过管制的成本。一个基本的事实是，在存在政府管制的情况下，人们的福利水平比没有政府管制时明显要好得多。因此，在他看来，纯粹的自由放任主张是一种谬误和无知，政府管制在解决市场失灵方面所起的作用已经是一个无可争议的问题，需要进一步研究的只是监管的范围、程度与方式。

斯蒂格利茨（Stiglitz）的信息不对称理论系统地研究了政府干预的必要性与可行性，将市场失灵普遍性作为政府干预和管制的原因。斯蒂格利茨（Stiglitz）以信息不完全或不对称解释市场失灵，对会计信息的市场失灵和加强管制的需要有较强的证明力。

（2）会计管制存在的必要性

由于会计信息的外部性、信息不对称及公共产品失灵问题的存在，使得会计管制尤为重要，会计管制是以会计行为规范作为衡量会计行为的准绳。

制度为由人制定的规则，它们抑制着人际交往中可能出现的任意行为和机会主义行为。会计行为主体在提供会计信息时，受强势管理者的胁迫或受自身利益的诱惑，可能导致会计行为异化的发生。而作为制度安排的会计管制通过一系列会计行为规范约束会计行为，抑制可能出现的会计行为异化。会计准则或法规作为引导会计行为主体提供会计信息的工具或手段，要求会计行为主体按照会计准则或法规的要求如实反映经济业务的内容，提供客观地反映经济业务实质的会计信息。会计行为规范作为一种制度，促进着可预见性，会计行为规范作为会计行为主体提供会计信息的标准，防止着任意和混乱行为。

自利是人的本性，而制度尤其是附属于制度的惩罚，是人们作出承诺而且能得到切实履行的可靠约束。我们的本能在这类机会主义行为中起着很重要的作用，制度则有助于为了长期的有效协作而抑制我们的固有本能[74]。制度总是依靠某种惩罚而得以贯彻，没有惩罚的制度是无用的；只有运用惩罚，才能使个人的行为变得可以预见。带有惩罚的规则建立起一定的秩序，将人类的行为导入合理预期的轨道。会计行为主体在反映客观发生的经济业务时，需要会计准则或法规，会计准则或法规增加了会计行为主体提供虚假会计信息的风险，达到抑制会计行为主体本能性机会主义的目的。

会计管制制度是一套关于促进行为和事件规范的一系列规章制度，它的重要功能是形成秩序，具有系统性和非随机性。在无管制时代，由于没有准则作为会计行为主体据以提供会计信息的依据，会计行为主体根据自己的需要或理解随心所欲地提供会计信息，会计信息使用者必须付出高昂的代价才有可能了解企业真实的经营情况，会计信息使用者和提供者之间谈不上信任和合作。而会计管制促使它们之间信赖和信任的形成，并减少了他们合作的成本。当会计准则或法规成为会计行为主体据以提供会计信息的标准时，会计信息使用者就可以认为会计信息是根据会计准则提供的，是可信赖的，从而避免了为取得企业真实的财务状况和经营成果而付出的额外成本。

制度所反映的事物一般都具有两个特点：其一，它们在过去被证明是有用的；其二，它们是人们为追求其个人目标而与他人交往时所必需的。会计准则或法规是人们在长期的实践中积累的结果，在面对日新月异的经济问题时，会计准则或法规使人们在一定程度上相信，当人们都按照会计准则或法规披露会计信息时，增强了会计信息的可预见性，减少了会计信息的搜寻成本。会计管制作为一种规范会计行为的制度，有其产生和发展的必然性。

①既有的习俗和习惯很可能意义含糊，未得到足够清晰的阐述，也未被广泛地了解。当会计行为主体根据这些语义模糊的习俗和习惯提供会计信息时，因每个人理解的不同，对同样的业务会得出不同的结果，从而造成会计信息使用者的歧义。当会计准则制定机构在这些习俗或习惯的基础上制定会计准则或法规，并且用法令的形式予以公布，会计行为主体提供会计信息时便有了标准，而对会计行为异化的惩罚也有了依据，会计准则或法规的规范功能得到加强。

②制度的一个重要方面是它们允许人们作出可靠的契约承诺。在会计行为主体提供会计信息的过程中，会计准则或法规作为约束会计行为的标准，需要由第三方保证契约承诺的可信赖性，而当政府或会计准则制定机构作为第三方通过会计准则或法规来约束会计行为时，契约变得更加有效。会计准则或法规正是借用了政府的强制力而使契约更加具有约束力。

③会计准则或法规的设计和推行，可以有效地避免"公地

灾难"[74]。如果每个企业都随心所欲地根据自己的标准处理经济业务，就会发现它们自己陷入了一种特殊的"囚徒困境"。如果会计信息的供给大于需求就不会稀缺，但随着资本市场的发展，投资者根据会计信息进行投资决策，其掌握的会计信息越多，质量越高，就会增加投资决策的正确性，所以会计信息总是稀缺的。当会计信息的需求大于供给时，关于会计行为主体个人行为的信息及对他们的非正式约束（如名誉受损）就不足以抑制他们通过操纵会计信息以牟取私利，就需要政府或会计准则制定机构依靠其权威对会计行为进行管制[75]。

会计准则或法规是衡量会计信息质量的准绳，会计准则或法规的权威性需要政府的公信力做保证。

会计信息有助于投资者的决策，但由于信息不对称的存在，拥有信息优势的控股股东和经营者通过会计行为异化的方式向小股东提供不能真实反映经济内容的会计信息，以误导小股东的投资决策，侵占其利益。所以，应通过会计管制以抑制会计行为异化的发生。

## 2.3 公司治理理论

### 2.3.1 公司治理理论的发展

两百多年前，亚当·斯密在其著名的《国富论》中提出，当企业的管理者不是企业的所有者时，疏忽和浪费现象就会出现[76]。显然，他已经注意到企业所有权与控制权的分离可能导致管理者与股东的利益不一致的问题。亚当·斯密的早期论述可以认为是公司治理研究的萌芽。

1932年，伯利（Berle）和米恩斯（Means）[77] 在其著名的

《现代公司与私有产权》中指出，规模经济和技术变迁导致企业规模越来越大，公司股权分散在众多的小投资者手中，从而不拥有或拥有很少公司股份的管理人员完全掌握了现代公司的控制权。长久以来，有关公司治理的研究一直集中在传统的代理问题上，即由于股权高度分散而导致的管理者与外部股东之间的代理问题。在其后，詹森（Jensen）和梅克林（Meckling）[2]，格罗斯曼（Grossman）和哈特（Hart）[78]及其他人的研究支持并发展了这一命题。

近年来的一些研究，向这一传统理论提出了挑战。德姆塞茨（Demsetz）和莱恩（Lehn）[79]，莫克（Morck）、施莱佛（Shleifer）和维什尼（Vishny）[80]的研究表明，即使在美国的大公司中，所有权也并不是很分散的。弗兰克斯（Franks）和迈耶（Mayer）[81]对德国的研究，普劳斯（Prowse）[82]对日本的研究，巴尔察（Barca）[83]对意大利的研究，也发现这些国家所有权也比较集中。拉波尔塔（La Porta）、洛佩斯德－西拉内斯（Lopez－de－Silanes）和施莱佛（Shleifer）[19]的研究发现，在27个发达国家中，同样存在着股权结构相当集中的情况。拉波尔塔（La Porta）、洛佩斯德－西拉内斯（Lopez－de－Silanes）、施莱佛（Shleifer）和维什尼（Vishny）[84]（LLSV）和克莱森斯（Claessens）、贾恩克（Djankov）和朗（Lang）[20]发现，发展中国家的企业所有权更加集中。法乔（Faccio）和朗（Lang）[85]发现，除英国和爱尔兰外，其他11个西欧国家的股权都相当集中。这些研究表明，在世界上大多数国家，很多大企业中存在大股东[14]。

随着股权的集中，控股股东有效地解决了经营者与股东之间的利益冲突问题，并且很多研究提供了控股股东在公司治理中发挥重要作用的相关证据[8]。但是，股权的集中，同时又导致了另一类代理问题的产生，即控股股东对其他小股东的利益侵占问题。

无论是股权分散，还是股权集中，所有权和控制权都存在一定程度的分离。在股权分散的公司，代理问题主要表现为经营者与股东之间的利益冲突；在股权集中的公司，代理问题主要表现为控股股东与小股东之间的利益冲突。施莱佛（Shleifer）和维什尼（Vishny）[8]认为现代公司治理结构就是防止内部人（包括经理人员和控股股东）侵占外部人利益的一系列制度安排。

### 2.3.2 内部治理机制

（1）股东与董事会——信托责任

股东大会是依照《公司法》设立的，由公司全体股东所组成，是行使公司权利的非常设机构。股东大会是公司的最高权力机构和决策机构，是股东发表意见，直接行使权力的一个重要场所。在形式上，股东大会表现为一种定期或临时举行的由全体股东出席的会议。股东大会是股东表达意愿的直接场所，但是由于决策效率所限，公司的大小决策无法事无巨细都交由股东大会决策，因此，需要分层授权，其中有一部分重大决策权授予其所信赖的股东代表——董事会，而股东大会仅保留了部分权力，比如选举董事会、公司章程修订、股权重大变更等。

董事会是由全体股东选出的董事所组成，代表股东的利益和意志，是执行公司业务的常设权力机构。根据代理理论的观点，股东、股东大会是委托人，董事、董事会是代理人。由董事组成的董事会受股东大会的信任和委托，负责经营公司的资产。董事会由股东选举产生，接受全体股东委托，承担受托责任，董事会是股东的代理人，大股东可以直接推荐所信任的人进入董事会，代理自己的权益。我国公司法明确规定，董事会向股东会或股东大会负责。董事会与股东大会之间是一种"信任托管关系"，这种关系的确立是以信任为前提，董事会对股东具有诚信义务和勤勉义务，董事的诚信义务是从普通的民事委任关系中分离出来并上升为董事的法定义务，要求董事做到诚实守信。而董事的勤勉义务则是指董事行为应当以公司的最佳利益为出发点，尽职尽责地履行职能。从法理上看，董事会成员理所当然是股东，然而为了避免完全被大股东操纵，而不能够维护全体股东的意志，就要求董事会有一定比例的专门代表中小股东的独立董事，从而使其结构合理。

2001 年，我国发布了《关于在上市公司建立独立董事制度的指导意见》（简称《指导意见》），要求上市公司设立独立董事和审计委员会。尽管《指导意见》已经对独立董事的任职条件和聘用程序做出规定，但只要"一股独大"的问题没有解决，独立董事就难以保持其独立性，就不可避免地沦为大股东的附庸。而且独立董事的薪酬问题、独立董事的赔偿机制、工作负荷等问题都制约着独立董事作用的发挥。

（2）董事会与经理层——委托代理

公司治理问题的产生根源于现代公司中所有权和经营权分离并由此导致的"委托—代理"问题，这种关系的确立是以股东对经理层的不信任为前提。股东委派其所信任的代表——董事会对经理层进行监督和管理，通常情况下，董事具有重大决策权，而经理层则进行常规决策，履行执行职能，经理层成员由董事会聘任，并决定其权力范围，因此，经理层与董事会之间形成了委托代理关系。

法马（Fama）和詹森（Jensen）[86]以及威廉姆森（Williamson）[87]等认为，董事会是公司治理结构的一个重要因素，拥有雇用、解雇、对高级经理支付薪酬的合法权力，能够维护投资者的利益。威廉姆森（Williamson）同时认为，董事会应该首先被认为是一个保护公司和资本所有者的治理结构，其次才能被认为是一种保障公司和经理间契约关系的方式。董事会不仅承担着聘用与解雇高级管理人员的责任，而且还负有监督公司重大经营决策的责任。

由于经理层与所有者的目标函数不相一致以及信息不对称的存在，导致经理层可能牺牲股东利益而谋取私利。在股权集中的情况下，控股股东的出现有利于解决所有权和控制权分离所导致的经理层权力的滥用，但控股股东的出现，却导致了另一类代理问题，控股股东可能和经理合谋侵占小股东的利益，所以如何保护小股东的利益成为人们关注的焦点问题。

股东出于信任推选董事，董事是股东的受托人，承担受托责任。股东可以通过股东大会改选董事，甚至可以起诉玩忽职守的董事。股东与董事会之间是一种信任委托关系。董事会在股东大会授权后聘任经理，经理在职权范围内负责企业的日常经营事务。董事会有权对经理人员进行监督，并对其作出奖惩。董事会与经理之间是聘任委托代理关系。在股权集中的情况下，控股股东由于拥有较大比例的股权，从而控制了董事会，也就控制了经理人员，而且在我国，董事长和总经理两职合一的情形屡见不鲜，经理层的任命实际上取决于控股股东的意愿；即使在股权分散的情况下，亦存在着大股东和经理层合谋的情形。

（3）监事会与董事会——监督与被监督

监事会是公司治理结构中的专职监督结构，其职能是监督公司的经营活动，监督对象是董事会和经营者。通过对董事、经营者在经营活动中的行为进行监督，来保证经营活动的合法、合理的正常运行。

从国际来看，监事会的模式分为两类：德国模式和日本模式。

德国的公司治理采用的是双层制，股东大会下设监督董事会和管理董事会，监事会在股东大会的授权下监督董事会。在德国，监事会不仅是一个监督机构，还是一个决策机构，公司法赋予了它较大的权力，成员由职工代表和股东代表组成。

日本的监事会是一个纯粹监督机构，其主要职权是监督和评价董事的行为，以保证企业按照法律、法规进行经营活动。日本的监事会虽然与董事会在职权划分上是平等的，但独立董事的引进及法定监事制度的建立，保障了监事会的独立性，起到了很好的监督效果。

在我国，监事会在公司治理中的地位和职权与日本模式较接近，董事会执行决策职能、监事会执行监督职能，这种设置符合"以权力制约权力"的大陆法系立法思想，有利于形成权力制衡的格局。在监事会的成员中，由股东代表和职工代表组成，与德国模式接近，有利于职工积极参与企业的公司治理。

在我国大部分上市公司内部，控股股东垄断了董事会的人选决定权。一个突出的表现就是董事会和监事会的结构与股权结构完全不成比例，这使董事会和监事在先天就不能彻底代表全体股东的利益，缺乏监控的动力，从而使得我国公司法所规定的公司内部各机构相互制衡的机制远远没有发挥作用。

公司治理通过一系列的制度安排，以协调利益冲突集团或个人之间的关系，使具有利益冲突的集团和个人利益趋于一致。因此通过一系列公司治理结构的形成和完善，如何有效抑制控股股东和经营者的机会主义和道德风险，防止他们的权力被滥用，提高公司治理效率，降低代理成本，切实维护小股东和其他利益相关者的利益不被侵占是至关重要的。

### 2.3.3 外部治理机制

现有的文献一般将董事会和大股东视作公司治理的内部机制，而将产品市场、控制权市场、经理人才市场以及法律体系等作为公司治理的外部机制。

（1）经理人才市场

法马（Fama）[88]认为，在股权分散的现代公司中，经理人员的约束主要来自经理人才市场（包括公司内部和公司外部），公司内部以及外部"华丽的"监督机制仅对公司的良性运行起到"锦上添花"的作用，而公司外部的接管市场提供的则是"最后一道防线"。经理人才市场对经理人员的约束作用主要来自它对经理人员能力的信号显示功能。经理人员的绩效被经理人才市场作为其能力的证明予以显示，因此，其经营期间的绩效不仅影响到当期收入，还会对他将来的重新任职及薪酬水平产生重要影响。当存在一个竞争的经理人市场时，潜在的竞争者对现任经理构成威胁。在企业经营不善时，现任经理有随时被替换的可能，以促使其尽职尽责地提高企业的经营业绩，从而在经理人市场上形成良好的声誉，有利于其职业的未来发展。在法马（Fama）的完美有效市场假说下，经营者的行为完全可以通过有效的经理人才市场得到约束，并且所有权与控制权相分离产生的激励问题也可以得到有效的解决。但市场总是不完全的。

（2）法律体系

法律体系在公司治理中的作用，在于完善的法律体系可以保证外部投资者的利益不受侵害。詹森（Jensen）和梅克林（Meckling）[2]指出，经理人员不会主动将公司的剩余收益返还给外部投资者，相关契约必须规定外部投资者享有对现金收益的索取权。在格罗斯曼（Grossman）和哈特（Hart）[4]建立的剩余控制权理论框架中，外部投资者同时拥有合同收益要求权和剩余收益控制权。但是，詹森（Jensen）和梅克林（Meckling）[2]以及哈特（Hart）[89]指出，投资者权利的实施依赖于法律体系的完善程度。

以哈佛大学的拉波尔塔（La Porta）、洛佩斯德－西拉内斯

（Lopez - de - Silanes）、施莱佛（Shleifer）和维什尼（Vishny）（LLSV）为代表的经济学家更是认为，法律在投资者保护方面至关重要，并且是决定投资者保护水平差异的最重要因素。而LLSV更是首次提出投资者保护的定义，即投资者保护是指法律对投资者的保障程度以及相关法律的有效实施程度。通过一系列的研究，他们还证实了法律确实在保护投资者利益的过程中发挥了相当重要的作用。每个国家由于法律渊源的不同导致了对投资者保护程度的差异，从而使不同国家形成了不同的融资结构和所有权结构，进而形成了不同的公司治理模式，而不同的公司治理模式又会对企业行为和经营业绩产生不同影响。在公司经营过程中，不仅存在着经营者的败德行为，而且由于控股股东与小股东在公司治理中具有不同的影响力和控制力，导致他们之间的利益冲突是不可避免的，即使他们存在部分一致的利益。正如施莱佛（Shleifer）和维什尼（Vishny）所阐述的，代理的基本问题不是伯利（Berle）和米恩斯（Means）所讲的股东和经营者之间的冲突问题，而是小股东和那些几乎完全控制经营者的控股股东之间的冲突问题[8]。如果控股股东在行使其控制权的时候能够从公司整体利益出发，则会缓解控股股东与其他股东之间的利益冲突。但是，控股股东往往为了自身利益的最大化而行使其控制权，通过控制权的运用获取"控制权私人收益"，控股股东滥用控制权的行为只能加剧其与小股东之间的利益冲突，因此应通过建立健全的法律体系与执行体系来加强对小股东利益的保护。

在资本多数决原则下，控股股东往往控制了股东的表决权，从而控制了股东大会。控股股东过度操纵公司，控制董事会独立经营管理公司的权力；操纵和控制子公司的行为，根据自己的需要，进行"利益输送"或"利益输出"；为了达到上市、配股、避免摘牌等目的，对公司进行"包装"，损害小股东的利益。可见，在对公司经营者进行激励和约束的同时，约束控股股东行为，预防控股股东和经营者道德风险的发生，是公司治理的重要目的之一。在股权结构高度集中、控股股东广泛存在的我国，如何避免控股股东凭借其控制权侵占小股东的利益具有重要的意义。

# 本章小结

本章阐述了控股股东会计行为异化的理论基础，包括行为学、会计学及公司治理理论。关于行为学理论，就需要、动机、激励和行为的关系，论述了会计行为异化是控股股东在自身利益最大化需要的前提下，基于利益侵占的动机，在经营者不能得到有效激励的情况下，控股股东对会计环境的影响所做出的能动反应。从会计学角度，由于会计信息的决策有用性，会计信息使用者只有根据相关和可靠的会计信息才能做出正确的投资决策，但会计信息又是不对称的，因此必须加强会计管制。在公司治理方面，由于我国股权比较集中，公司治理机制未能对控股股东的权力形成有效约束，导致其权力过大，控制了会计行为的过程，从而引起会计行为异化的发生。

# 3　控股股东会计行为
## 异化的形成机理

　　控股股东会计行为异化是在控股股东为了满足自身利益最大化需要的前提下，以侵占小股东利益为动机，在内部公司治理机制不能有效约束其权力和外部管制不力的情况下，与经营者合谋实现的。

## 3.1　控股股东会计行为异化的主体

　　根据在企业中所处的地位和在会计行为过程中所起的作用不同，会计行为主体包括两个层次：其一是企业管理当局。因为他们有权指挥、控制甚至操纵会计人员的行为。会计行为过程中的政策选择，直接或间接地受其控制或操纵，因此会计行为是企业管理当局行为的一部分。其二是会计行为的具体执行者，即会计人员或由其组成的会计组织机构。他们受聘于企业管理当局，在管理者的领导下提供会计信息，但有独立的人格，他们的行为不完全等同于企业管理当局的行为[90]。

　　会计人员作为会计行为的具体执行者受雇于管理当局，在管理者的授权下进行会计工作，在会计信息的生成过程中很大程度上受制于管理者的意志，接受经营者的监督，而其不可能监督经营者；否则会有失业的危险。

在企业中，经营者负责企业的经营管理，控股股东虽然拥有企业的控制权，但是由于所有权与经营权的分离，股东并不直接参与企业具体的经营管理，甚至对企业具体的运作程序不十分熟悉。只有实际经营企业的经营者才有能力获取控制权私人收益，因此，控股股东必须联合经营者，利用经营者直接管理企业的专用技能才可以获取控制权带来的私利。

控股股东与经营者之间的代理状态有三种类型：第一种是弱式代理状态，即经营者直接由控股股东担任，控股股东既是所有者，又是经营者；第二种是半强式代理状态，即经营者间接来自于控股股东，经营者与控股股东之间的关系甚密；第三种是强式代理状态，经营者直接来自于经理人市场，经营者与控股股东之间没有任何的利益瓜葛，经营者职位的取得完全是竞争机制作用的结果[91]。

在第一、二种代理状态下，经营者由于直接或间接来自于控股股东，经营者由控股股东控制，其行为实质上是控股股东意志的体现。即使在第三种代理状态下，控股股东和经营者同样可能基于相同的利益存在着合谋的可能，本书通过博弈模型来证明。

### 3.1.1　控股股东和经营者合谋的成因

一般而言，控股股东要想参与公司的具体事务，都需要管理层的参与，即通过与经营者的合谋。合谋的实现需要三个基本因素：第一，合谋双方拥有信息优势；第二，存在着合谋后的经济激励——即控制权私人收益的存在；第三，合谋双方有意愿和能力去合谋。

（1）合谋双方拥有信息优势

上市公司中的三个群体：经营者、控股股东和小股东，由于在公司管理中参与的程度不同，分别拥有不同的信息。在两权分离的情况下，股东委托经营者代为经营，经营者直接参与公司的生产经营活动，他们对公司的经营活动拥有最充分的信息；控股股东凭其持股优势掌握着公司的控制权，有能力选择"自己人"进入董事会或者管理阶层，在第一、二种代理状态下，由于控股股东和经营者之间的"亲密"关系，他们完全可以从"自己人"那里及时获得关于公司经营的较充分的信息，即使在第三种代理状态下，控股股东通过对经营者的监督获取企业生产经营的信息；而小股东没有足够的投票权选择自己的代理人进入公司董事会或管理层，他们只能从公司已经公布的财务报告或其他公告信息中了解公司的经营状况，对信息的掌握程度远远不及控股股东。因此，处于信息优势地位的经营者和控股股东可能凭借其信息优势侵占处于信息劣势地位的小股东的利益，信息优势为控股股东和经营者合谋侵占小股东的利益提供了条件。

（2）私人利益的相互依存

控股股东在行使监督职能时，由于监督收益由全体股东共享，而监督成本由控股股东负担，当监督的收益小于发生的监督成本时，控股股东会放弃监督转而依托于现有企业组织来实施个人利益最大化行为。由于拥有所有权的控股股东并不直接参与企业的经营管理，而是委托经营者代为经营，因此，控股股东获取控制权带来的收益必须通过经营者的行为来实现。为了实现自身利益的最大化，控股股东为获取控制权私人收益可能出卖监督经营者的权利，转而与经营者合谋。

对于经营者来讲，其经理地位与报酬由控股股东控制的董事会决定，其行为在很大程度上受制于控股股东的意志。出于自身利益的考虑，经营者不得不考虑控股股东的利益；否则就会遭受控股股东的惩罚。同时，经营者也处于控股股东的监督之下，要想获得控制权私人收益必须收买控股股东的监督，因此，在获取控制权私人收益上，控股股东和经营者具有较强的依存性。在自身利益最大化的前提下，理性的控股股东在参与公司治理的过程中会适当放松对经营者的监督，而理性的经营者也会主动贿赂控股股东通过合谋实现控制权私人收益。

（3）合谋双方有能力去合谋

控股股东和经营者凭借信息优势合谋获取控制权私人收益，还需要具备合谋的能力——控制权的拥有。哈特（Hart）和莫尔（Moore）[92]把企业的控制权划分为特定控制权和剩余控制权。特定控制权是指那些能够在经营活动发生之前通过契约明确规定的权利，在契约中明确表明在什么情况下使用的权利。所有者通过契约将特定控制权授权给经营者，即经营者的经营控制权，包括日常生产经营活动中的材料购进、产品生产、销售、员工的雇佣等权利。剩余控制权是指在经营活动发生之前契约中没有明确界定如何使用的权利，是在特定控制权以外如何处置资产的权利。剩余控制权由代表所有者利益的董事会拥有，包括总经理的任命和解聘、重大投资事项、企业的合并和出售等决策权。

法马（Fama）和詹森（Jensen）[93]将企业的决策程序分为决策管理和决策控制。决策管理包括提议决策方案的制订及决策方案制订后的执行，而决策控制包括审批决策方案和执行对决策方案的监督。在企业中，拥有特定控制权的经营者执行决策管理权，拥有剩余控制权的董事会享有决策控制权。也就是说，在企业中，存在一个控制权的授权过程。股东将绝大部分的控制权授予了董事会，仅保留了部分剩余控制权，诸如选举董事、合并和发行新股等重大事项的控制权；董事会将"决策管理权"（特定控制权）授予了经营者，保留了"决策控制权"（剩余控制权），但财产所有者仍享有最终的控制权。股东的这种控制权在公司的治理中表现为直接或间接地拥有一个企业的具有表决权的股份，以此来决定公司董事人选进而决定公司的经营方针，并在公司的经营活动中进行分配等方面的权利。这种权利对控股股东来说表现为在股东大会上的表决权，对小股东来说表现为股票市场上的"用脚投票"行为。而这源于资本多数决定原则，资本多数决定原则使控股股东滥用其支配权成为可能。通过资本多数决原则，控股股东能够利用其优势地位将自己的利益上升为公司利益，而不顾甚至损害其他股东的利益。由于股东反映自己意志、行使自己权利的主要方式是通过在股东大会行使自己的表决权，但在资本多数决原则下，小股东的表决权受到了限制或者说被控股股东所吸收。所以，控股股东通过操纵股东大会，进而控制有关董事人选，使公司董事会主要以控股股东的代理人的形式出现，而资本多数决原则正是控股股东实施这种机会主义行为的制度前提。

在企业中，经营者通过契约授权获得了特定控制权，亦即获得了管理企业日常生产经营活动的权利。控股股东凭借股权比例拥有投票权上的优势，通过股东大会和董事会对企业的经营决策施加影响。控制权的拥有，使得控股股东和经营者具备了侵占小股东利益，获取控制权私人收益的能力。当控股股东和经营者的控制权不能受到有效的制衡时，控股股东和经营者为了实现个人利益最大化，可能滥用掌握的控制权，作出不利于小股东利益的行为选择[94]。

德姆塞茨（Demsetz）[95]认为，所有权与控制权分离的现象并不是所有者放弃了控制权。"所有者为了自己的利益，根本不会把宝贵的资产的控制权拱手交给他人，除非此人与自己具有共同的利益"，"拥有财产，其作用就在于彻底解决企业的控制问题"。德姆塞茨（Demsetz）还指出，所有权的结构如何，是竞争性选择的内在结果，其中要比较各种成本的利弊，才能使组织结构达到均衡状态。控股股东把特定控制权授予经营者，是因为很大程度上，经营者能够反映控股股东的意志，在其合谋的收益大于成本的情况下，控股股东和经营者的合谋就会发生。

### 3.1.2 控股股东和经营者合谋的形成

控股股东和经营者凭借控制权和信息优势，为了实现个人利益最大化，都有可能主动提出合谋，侵占小股东利益。合谋的形成可能是控股股东放弃对经营者的监督，主动向经营者提出，经营者如果接受提议，合谋则形成；经营者如果不接受，控股股东通过对董事会的影响，经营者的职位可能不保。同样，合谋的形成也可能是经营者主动贿赂控股股东，向控股股东传递合谋的信息，控股股东如若不接受，则会加强对经营者的监督；反之，合谋形成。控股股东和经营者基于共同的利益追求，存在合谋的动机，但这种动机未必演化为现实。只有在内部公司治理失衡和外部监管不力的情况下，当控股股东和经营者的合谋净收益同时大于不合谋的净收益时，合谋才会形成。而且合谋的净收益越大，对合谋双方的激励越强。

假设正常经营情况下，公司的收益为 $R$，控股股东的收益为 $R_L$，小股东的收益为 $R_S$，$R = R_L + R_S$，经营者获得固定收益 $T$。

控股股东和经营者合谋获得的收益为 $R_C$，只有 $R_C > R_L + T$ 且控股股东和经营者合谋后各自分得的收益均大于合谋前收益的情况下，合谋才能实现。合谋的超额收益必须在共同行动时才能实现，单独行动时不能获得。

在对 $R_C$ 分配时，控股股东和经营者展开完全信息的动态博弈，在这个博弈过程中，控股股东首先提出分配方案，分 $R_L +$

$R_1$；如果经营者同意，那么博弈结束。如果不同意，经营者提出新的分配方案，由经营者分 $T + R_2$；如果控股股东同意，则博弈结束。如果不同意，控股股东又提出新的分配方案，由控股股东分 $R_L + R_3$；如此循环下去，直到分配方案能够被双方接受。每一次提出分配方案与另一方是否接受为一个时期，博弈的过程每多一个时间段，因为谈判费用、信息成本、机会成本和利息费用等带来的损失都会给双方的收益打一次折扣，假设此折扣为贴现因子，控股股东和经营者的贴现因子分别为 $\delta_A$ 和 $\delta_B$。如果控股股东和经营者的信息是完全的，那么在无限期轮流提出分配方案的过程中，将存在唯一的子博弈纳什均衡解，即：

$$控股股东分配：R_L^C = \frac{1 - \delta_B}{1 - \delta_A \delta_B} R_C \qquad (3-1)$$

$$经营者分配：R_M^C = \frac{\delta_B - \delta_A \delta_B}{1 - \delta_A \delta_B} R_C \qquad (3-2)$$

由合谋所形成的控制权私人收益的分配问题除了受到最初合同的约束外，还会受到其他因素的影响。比如权力的分配状况，当发生合同规定以外的意外情况时，谁有权进行决策；控股股东和经营者在其他情况下的净收益水平，即博弈双方的机会成本等；影响事后交易结果的制度环境，即合谋的发生是否会受到法律的惩处和经济的制裁等。

合谋虽然能够给控股股东和经营者带来超过其正常情况下的收益，但合谋也面临着事情败露被惩罚的威胁。控股股东和经营者合谋行为败露后，在资本市场的声誉下降，股价下跌，给小股东带来损失，从而可能遭到小股东的法律诉讼。假定小股东能够通过提起诉讼等途径最终给予控股股东和经营者的合谋以惩罚，即不知情的小股东对合谋行为可以采用的行动有诉讼或者不诉讼两种方式。对合谋双方而言，查处的比例和惩罚的程度都对合谋的生成有着重要的影响，面临着合谋带来的超额收益与合谋败露被惩罚导致的损失之间的权衡。即一方面合谋双方面临着控制权私人收益分配的动态博弈过程，另一方面也面临着合谋双方在与小股东诉讼惩罚的动态博弈关系。

进一步假定：

（1）合谋给小股东造成的损失为 $L_C$，小股东诉讼的概率为 $P_S$，默许合谋的概率为 $1-P_S$，诉讼成本为 $C$，通过诉讼带来的收益为 $Y$。

（2）合谋双方正常情况下的收益为 $R_L+T$，合谋形成的收益为 $R_C$，由诉讼导致的惩罚为 $F_C$，控股股东和经营者合谋的概率为 $P_C$，不合谋的概率为 $1-P_C$。

表3-1　控股股东和经营者的合谋与小股东的博弈模型

|  | 合谋 $P_C$ | 正常情况 $1-P_C$ |
|---|---|---|
| 诉讼 $P_S$ | $R_S+Y-C-L_C$, $R_C-F_C$ | $R_S-C$, $R_L+T$ |
| 默许 $1-P_S$ | $R_S-L_C$, $R_C$ | $R_S$, $R_L+T$ |

此时，合谋双方预期收益为：

$$U_C = P_C P_S (R_C - F_C) + P_C (1-P_S) R_C + (1-P_C) P_S (R_L + T) + (1-P_C)(1-P_S)(R_L+T)$$

合并：

$$U_C = P_C R_C - P_C P_S F_C + (R_L + T)(1-P_C) \qquad (3-3)$$

当没有合谋行为即 $P_C=0$ 时，控股股东和经营者获得正常情况下的收益为 $R_L+T$，当发生合谋，同时存在中小股东的诉讼时，即 $P_C=1$，$P_S=1$ 时，合谋双方的预期收益为：$U_C = R_C - F_C$。这时，合谋的生成完全取决于合谋双方合谋取得的收益大还是惩罚带来的损失大。

对 $U_C = P_C R_C - P_C P_S F_C + (R_L + T)(1-P_C)$ 求 $P_C$ 偏微分，

得出一阶条件：

$$R_C = P_S F_C + (R_L + T) \qquad (3-4)$$

这说明，合谋要发生，控股股东和经营者必须获得一个超过正常情况下的控制权私人收益，即 $P_S F_C$，控制权私人收益至少应该等于被中小股东诉讼的概率乘以处罚金额。

小股东的预期收益为：

$$U_S = P_C P_S (R_S + Y - C - L_C) + P_C (1 - P_S)(R_S - L_C) + P_S (1 - P_C)(R_S - C) + (1 - P_S)(1 - P_C)R_S$$

合并：

$$U_S = P_C P_S Y - P_C L_C - P_S C + R_S \qquad (3-5)$$

当小股东不诉讼，控股股东和经营者亦没有合谋的时候，即 $P_C = 0$，$P_S = 0$ 时，中小股东的预期收益为 $R_S$；当控股股东和经营者合谋，而中小股东不诉讼时，即 $P_C = 1$，$P_S = 0$ 时，$U_S = R_S - L_C$，小于控股股东和经营者没有合谋时的收益，小股东的权益受到了侵害；在合谋和诉讼同时出现时，即 $P_C = 1$，$P_S = 1$ 时，小股东的预期收益为 $U_S = R_S + Y - L_C - C$，这时，小股东的预期收益由诉讼带来的收益、合谋造成的损失与诉讼成本共同决定。

对 $U_S = P_C P_S Y - P_C L_C - P_S C + R_S$ 求 $P_S$ 的偏微分，得出一阶条件：

$$P_C = C/Y \qquad (3-6)$$

合谋的概率由小股东的诉讼成本和诉讼带来的收益决定，并和前者正相关，和后者负相关[1]。

在控股股东和经营者合谋的情况下，经营者在控股股东的授意下提供会计信息，控股股东通过与经营者的合谋演变为实质上的会计行为主体，控股股东实施对小股东的利益侵占成为其会计行为异化的强烈动机。

"从我国上市公司舞弊案看，绝大多数并不是经理人背着大股东去舞弊，恰恰相反，正是在大股东的压力之下经理人才去舞弊，为大股东谋利益是舞弊的直接动机。"[96]（綦好东，2002）

## 3.2 控股股东会计行为异化的动机

组织行为学认为动机是人们行为产生的直接原因，它引起行为、维持行为并指引行为去满足某种需要。动机形成于需要，也就是说，人的行为是受动机支配的，它引发并维持某一动作，是行为的主要动力。一般地说，人的行为都是为了满足某种需要，达到某个目标，要使人们产生某种行为，就要激起人们的某种动机，动机激发起来了，行为也就自然产生。

作为有限理性的经济人，控股股东有自身利益最大化的需要，在环境允许的情况下，直接导致了其对小股东的利益侵占动机。孟德斯鸠曾经说过："一切有权力的人都容易滥用权力，这是万古不易的一条经验。"[97]对股东而言，一旦将财产用于公司出资，即不再能够直接处分该财产，但控股股东依靠其控制权，不仅能够支配用于出资的财产，而且能够支配其他股东用于出资的财产。控股股东有动机也有能力侵占小股东的利益，其侵占小股东利益的途径也是多种多样的。

### 3.2.1 控股股东会计行为异化的目的

（1）通过上市吸收小股东投资

对于企业来说，取得 IPO 资格是梦寐以求的，而获准上市，企业就等于得到了一个合法的无偿筹资的权利。目前，我国的 IPO 市场采用的是核准制。IPO 核准制是由主承销商筛选企业，在对企业进行辅导培育一年后由其推荐至证监会，在经合规性初审后，由发审委独立审核表决的股票发行制度。核准制实施后，由主承销商选择企业，改变了过去由主管机构选择企业的做法，发行人和承销商享有较大的定价决策权，强化了发行人和承销商的风险意识，并将对风险的判断和选择权交给了市场，弱化了行政审批的作用，提高了发行过程的透明度。

根据核准制的相关规定，企业只要符合上市条件就可以获得上市资格。但是，我国的核准制实际上是国际通行的审批制和注册制两者的折中，证监会是以通道制的形式对发行上市节奏进行控制，仍然凭借审核权对欲上市公司实行行政准入。上市资格的供求不平衡状况并没有因为核准制的实施而有显著的改变。通道制是变相的额度控制形式。而企业要获得上市资格，仍然要通过两级行政审批，首先要向地方政府和主管部门申报，经同意后再向中国证监会申请。监管部门并没有放弃对上市资格的实质性审查权力，决定企业能否上市的权利仍被政府严格控制着，上市资格成为企业竞相争夺的一种稀缺资源，企业为了获得发行额度，往往调动各种资源"寻租"，而租金的支付者却是小股东。

我国对上市资格有着严格的规定，公司首次公开发行股票必须具备下列条件：①前一次发行的股份已募足，并间隔1年以上；②公司在最近三年内连续盈利，并可向股东支付股利；③公司在最近三年内财务会计文件无虚假记载；④公司预期利润率可达到银行1年期定期存款利率。控股股东为了达到上市的要求，不惜向上市公司输入优质资源，调高利润，美化上市公司的各项指标，股票发行价格根据每股收益乘以一定的市盈率计算确定，在市盈率一定的情况下，发行价格由每股收益决定。上市公司为了在IPO过程中能够筹集更多的资金，并最大限度地获取净资产的增值收益，大部分公司都采取了资产剥离的重组方式，将盈利能力强、质量高的资产注入上市公司，调高每股收益，以筹集较多的资金。阿哈尔尼（Aharony）、李（Lee）和王（Wong）[98]的研究表明，上市公司在首次公开发行的过程中，存在着财务包装行为，其最终目的是从上市公司获取利益。2002 年，科大创新在上交所上市，科大创新通过虚构销售合同增加收入以及通过账外资金处理费用等方式，在 2001 年的财务报告中虚增利润 831.56 万元。如果将虚增的利润扣除，科大创新上市前的 2001 年的净利润将从 1 005 万元降至 173 万元，每股收益从 0.20 元降至 0.03 元，净资产收益率从 11.99% 降至 2.24%，根本就不符合上市条件[99]。上市公司是个优质的聚财工具，只要将上市公司业绩包装成良好、发展前景乐观，就能很容易地吸引处于信息劣势地位的小股东进行投资。

（2）通过增发、配股向小股东融资

企业一旦上市成功，为了筹集到更多的资金，还可以采用增发等形式融资。我国对增发股票融资同样有着严格的标准，上市公司必须满足一些要求。比如，最近 3 个会计年度加权平均净资产收益率平均不低于 6%（中国证券监督管理委员会《关于做好上市公司新股发行工作的通知》，2001）。考虑到 2000 年中国所有上市公司的平均净资产收益率只有 6.9%，这项要求对于大多数上市公司并非易事。但是，不少的上市公司由于融资渠道相对狭窄，为了充分发挥资本市场的融资优势，通过种种努力达到了这些要求，其中，取得增发资格成了控股股东会计行为异化的强烈动机[100]。

在实施增发配股时，控股股东一般情况下会放弃增发配股权，2003 年上市公司中实施配股的有 25 家，其中只有 3 家公司国有股股东实现了全额参配，其余 22 家公司的国有股股东均部分或全额放弃了配股权[101]。因此，配股增发的股份通常由小股东认购，控股股东通过配股增发筹到了巨额资金。以五粮液为例，按照 2001 年配股方案，控股股东五粮液集团应该实施7 200 万的配股，但控股股东却放弃了 90% 的配股权，只履行了10%，即 720 万的配股权。配股后，控股股东的股权比例由75% 稀释到 71.83%；小股东的股权比例由 25% 上升到28.17%。这一股权变化完全没有动摇控股股东对上市公司的控制地位，而小股东却被迫以 6 亿元人民币换取了没有控制权、没有收益权的 3.17% 的新增股权。陈小悦等[102]对我国上市公司为获得配股权而进行的利润操纵现象进行了研究，他们通过对1996 年和 1997 年我国沪深上市公司的净资产收益率进行分析，发现契约关系人为实现自身利益最大化，有强烈的动机进行利润操纵，从而达到获取配股权的目的。

（3）力保上市资格以继续盘剥小股东

按照《中华人民共和国公司法》第 157 条和第 158 条的规定，上市公司如果"最近三年连续亏损"，将由国务院证券管理部门决定暂停其股票上市；上市公司如果最近三年连续亏损，且"在限期内未能消除，不具备上市条件的，由国务院证券管理部门决定终止其股票上市"；同时又规定，"公司决议解散、被行政主管部门依法责令关闭或者被宣告破产的，由国务院证券管理部门决定终止其股票上市"。由此可见，上市公司如果出现连续三年亏损的情况，那么，它将因此而受到暂停股票上市、甚至终止股票上市的处罚。上市公司在业绩不佳时，为了避免连续亏损而被冠以 ST、PT，往往通过会计行为异化的方式虚增利润。陆建桥[103]对我国亏损上市公司的盈余管理进行了实证研究，发现我国上市公司为逃避亏损而有可能受到暂停股票上市乃至终止股票上市的处罚，普遍存在盈余管理现象。

按照弗里德曼（Friedman）、约翰逊（Johnson）及米顿（Mitton）[104]等的论证，最终所有者不仅会实施隧道行为以盘剥小股东，同时还可能在子公司处于财务困境时，使用自有资金来帮助子公司摆脱困境，从而使小股东受惠。公司治理文献把最终所有者实施的与隧道行为方向相反的资源转移行为称为支撑行为，由此产生的效应称为支撑效应。然而，正如弗里德曼（Friedman）等指出的，支撑行为的出现更多的是由于最终所有者希望处于困境的子公司继续生存以保留未来实施隧道行为的机会。一个即使今天由于最终所有者的支撑行为而受惠的小股东终将受到最终所有者隧道行为的盘剥[105]。

控股股东通过会计行为异化的方式获得上市资格、配股增发条件及避免退市等，其最终目的是为了通过侵占小股东利益，以实现自身利益最大化。

### 3.2.2 控股股东利益侵占与会计行为异化的博弈模型

控股股东由于居于信息优势地位，可能基于政治、税收、个人利益最大化等实施会计行为异化。作为有限理性的经济人，控股股东会计行为异化的动机更多地体现在实现个人利益最大化方面。控股股东通过会计行为异化的方式实现上市、配股、避免被 ST、PT 等侵占小股东的利益以实现自身利益最大化。

会计信息的生成过程也就是会计主体的会计行为过程，利益侵占的动机支配着会计行为主体的行为。控股股东会计行为异化的根本目的在于利益侵占，只要控股股东和小股东之间存在利益冲突就会发生会计行为异化。通过会计行为异化，控股股东可以从资本市场融到资金，从而才有可能通过后续的不等价关联交易或内幕交易等方式来侵害小股东的利益。

控股股东通过关联交易、担保等侵害了小股东的利益后，为了掩盖其利益侵占行为，往往通过会计行为异化的方式操纵会计报告。因为一旦小股东能确切地知道控股股东谋取的控制权收益，很可能会通过法律起诉或"用脚投票"等方式反对这种行为。正如施莱佛（Shleifer）和维什尼（Vishny）[8] 所言，控股股东凭借其实际控制权，以合法或者法庭很难证实的方式，谋取私人利益，使小股东的利益受到损害。

本书建立了不完全信息条件下控股股东与小股东之间的多次动态博弈模型[106]。通过模型力图证明，一方面，在不完全信息情况下，控股股东具有利益侵占的动机；另一方面，为了避免小股东的法律诉讼和"用脚投票"，控股股东通过会计行为异化的方式掩盖其利益侵占的行为。

企业是一系列契约联结的有机体，由于未来事件的复杂性、不确定性，以及交易个体的有限理性和信息不对称，这些契约必定是不完备的，况且小股东与控股股东的契约关系是根据交易习惯、市场规则来间接约束的，是一种非正式的契约安排。如果控股股东与小股东之间的沟通是完全透明的，他们都能够掌握并充分使用信息，它们之间没有契约摩擦，会计行为异化也就不会产生。当上市公司被控股股东所控制时，一方面，控股股东和众多小股东之间的信息是不对称的，控股股东拥有更多的会计信息，有能力进行会计行为异化；另一方面，控制权私人利益的存在成为控股股东会计行为异化的主要动机。控股股东为了获取控制权私人收益，会竭力向小股东隐瞒控制权收益及公司的真实业绩，以避免小股东的法律起诉或"用脚投票"。因此，控股股东有强烈的动机通过会计行为异化的方式来隐瞒控制权收益和公司的真实业绩。

假设公司存在控股股东 $L$，持股比例为 $\beta$，小股东 $S$ 持股比例为 $1-\beta$，$0<\beta<1$，公司的总收益 $R$ 由利益相关者的共享收益和控股股东的控制权私人收益构成，其中共享收益 $R_t$，控制权私人收益 $R_P$，控制权私人收益在企业总收益中所占的比重为 $\alpha$，$0<\alpha<1$，大股东在转移控制权私人收益时，除非大股东能完全自由地进行转移；否则必须为这种行为付出相应的成本。而成本是由全体股东共同承担的，控股股东转移私人收益的成本为

$C$，为获取控制权私人收益所付出的成本在控制权私人收益中所占的比例为 $\gamma$，$0 < \gamma < 1$。

$$R_{(x)} = R_{t(x)} + R_{p(x)} \qquad (3-7)$$

在通常情况下，$x$ 为向量，为了简化处理过程，假设 $x$ 为单一要素标量，代表公司的生产要素总投入量。按照经济学的边际收益递减原理，有 $d^2R_{(x)}/dx^2 < 0$。这样，公司的最大收益由 $dR_{(x)}/dx = 0$ 决定，把满足这个条件的 $x$ 值设为 $x = x_0$，所以，公司的最大收益为 $R_{(x_0)}$。

$$\alpha_{(x)} = \frac{R_{p(x)}}{R_{(x)}}$$

$$R_{p(x)} = \alpha_{(x)} R_{(x)}$$

$$R_{t(x)} = [1 - \alpha_{(x)}] R_{(x)} \qquad (3-8)$$

$$\gamma_{(s)} = \frac{C_{p(x)}}{R_{p(x)}}$$

$$C_{p(x)} = \gamma_{(x)} \alpha_{(x)} R_{(x)} \qquad (3-9)$$

$R_{t(x)}$ 对于所有股东都是按其拥有的股权比例分享，这是由剩余索取权决定的，控股股东获得的数额为 $\beta R_{t(x)}$，小股东获得的数额为 $(1-\beta) R_{t(x)}$。对于 $R_{p(x)}$，由于控股股东具有控制权，可以选择合适的经济活动集合，使得自己能获得全部的控制权私人收益，而小股东由于没有控制权而无从获得控制权私人收益，不失一般性。假定 $R_{t(x)} > 0$，$R_{p(x)} > 0$，这样，根据假设，$\alpha_{(x)} > 0$。同时还假设，除了控股股东和小股东之间存在契约摩擦之外，公司的其他利益相关者之间如股东和经营者之间，股东和债权人，股东和供应商之间都不存在契约摩擦，契约是完备的，没有利益冲突。这样，控股股东的价值函数 $U_{L(x)}$ 和小股东的价值函数 $U_{S(x)}$ 分别可写成：

$$U_{L(x)} = \beta R_{t(x)} + R_{p(x)} - \beta C_{p(x)}$$

$$= \beta \left[ 1 - \alpha_{(x)} \right] R_{(x)} + \alpha_{(x)} R_{(x)} - \beta \gamma_{(x)} \alpha_{(x)} R_{(x)} \quad (3-10)$$

$$U_{S(x)} = (1 - \beta) R_{t(x)} - (1 - \beta) C_{p(x)}$$

$$= (1 - \beta) \left\{ \left[ 1 - \alpha_{(x)} \right] R_{(x)} - \gamma_{(x)} \alpha_{(x)} R_{(x)} \right\} \quad (3-11)$$

控股股东为了实现个人利益最大化,尽其所能使得价值函数 $U_{L(x)}$ 最大。

首先讨论 $\alpha_{(x)} = 0$ 的情形,也就是不存在控股股东对小股东利益侵占的情形。这时,从式 3-10 可以看出,经济活动的最佳投入量由 $dU_{L(x)}/dx = dR_{(x)}/dx = 0$ 来决定。而 $dR_{(x)}/dx = 0$ 的最大值点为 $x = x_0$,这样,控股股东 $L$ 的最大价值为 $U_{L(x)} = \beta R_{(x_0)} = \beta R_{t(x_0)}$,而小股东 $S$ 的最大价值为 $U_{S(x)} = (1 - \beta) R_{(x_0)} = (1 - \beta) R_{t(x_0)}$。因此,在控股股东没有对小股东实施利益侵占的情形下,即 $\alpha_{(x)} = 0$ 时,控股股东和小股东的利益最大化是一致的。

接着讨论 $\alpha_{(x)} > 0$ 的情形,且不为常数函数。当 $dU_{L(x)}/dx = 0$ 时,控股股东实现个人利益最大化,即式 3-10 的一阶导数等于 0。假设把符合这个条件的 $x$ 值设为 $x = x_1$。很明显,在通常情况下,$x_1 \neq x_0$。因此,控股股东个人利益最大值为:

$$U_{L(x_1)} = \beta R_{t(x_1)} + R_{p(x_1)} - \beta C_{p(x_1)}$$

$$= \beta \left[ 1 - \alpha_{(x_1)} \right] R_{(x_1)} + \alpha_{(x_1)} R_{(x_1)} - \beta \gamma_{(x_1)} \alpha_{(x_1)} R_{(x_1)}$$

$$= \left\{ \beta \left[ 1 - \alpha_{(x_1)} \right] + \alpha_{(x_1)} - \beta \gamma_{(x_1)} \alpha_{(x_1)} \right\} R_{(x_1)}$$

$$(3-12)$$

因为 $x_1 \neq x_0$,并且 $x_0$ 是公司总收益最大时的点,因此,$R_{(x_1)} < R_{(x_0)}$。也就是说,由于一部分的要素投入量是控股股东为了获取控制权私人收益,公司在生产经营活动中取得的总收益小于最大收益。由于 $R_{(x_1)} < R_{(x_0)}$,小股东的利益受到了损害。式

3 – 12 大括号中的数值反映的是控股股东在总收益中获得的比例,它必须足够大,使得 $U_{L(x_1)} > U_{L(x_0)}$。由式 3 – 12 得到,这个条件等价于:

$$\{\beta [1 - \alpha_{(x_1)}] + \alpha_{(x_1)} - \beta\gamma_{(x_1)}\alpha_{(x_1)}\} R_{(x_1)} > \beta R_{(x_0)}$$

简单整理得到:

$$\alpha_{(x_1)} > \frac{\beta}{1 - \beta - \beta\gamma_{(x_1)}} \frac{R_{(x_0)} - R_{(x_1)}}{R_{(x_1)}} \qquad (3 - 13)$$

$R_{(x_1)}$ 的取值范围是 $0 < R_{(x_1)} < R_{(x_0)}$,$0 < \beta < 1$,$0 < \gamma < 1$,在不等式中,右边和左边的取值区间均为 $(0, \infty)$,由于控股股东可以选择合适的 $\alpha_{(x)}$ 的比例使不等式成立。当 $x = x_1$ 时,小股东的利益并没有达到最大化,可以看出:

$$U_{S(x_1)} = (1 - \beta)R_{t(x_1)} - (1 - \beta)C_{P(x_1)}$$
$$= (1 - \beta)[1 - \alpha_{(x_1)}]R_{(x_1)} - (1 - \beta)\gamma_{(x_1)}\alpha_{(x_1)}R_{(x_1)}$$
$$= (1 - \beta)R_{(x_1)}\{[1 - \alpha_{(x_1)}] - \gamma_{(x_1)}\alpha_{(x_1)}\} \qquad (3 - 14)$$
$$U_{S(x_0)} = (1 - \beta)R_{(x_0)} \qquad (3 - 15)$$

其中,$0 < R_{(x_1)} < R_{(x_0)}$,$0 < [1 - \alpha_{(x_1)}] - \gamma_{(x_1)}\alpha_{(x_1)} < 1$

当 $U_{S(x_1)} < U_{S(x_0)}$,小股东的权益受到侵害。

(1)在完全信息条件下,控股股东和小股东就控股股东利益侵占行为博弈的可能结果

通过以上的分析,我们可以发现,控股股东为了实现个人利益最大化,会选择合适的控制权私人收益在总收益中的比例及要素的投入量,使其获得的收益 $U_{L(x_1)}$ 大于无利益侵占时的最大收益 $U_{L(x_0)}$,而小股东的收益 $U_{S(x_1)}$ 却小于无利益侵占时的最大收益 $U_{S(x_0)}$。假设小股东和控股股东之间的信息是完全的,亦即小股东对公司获得的收益和控股股东对其的利益侵占行为是基于完全信息条件下的,小股东对控股股东的利益侵占行为将做出反击,即降低对投资获得的预期回报,通过"用脚投票"

提高控股股东在资本市场的融资成本。

为了更加清晰地反映小股东在了解了控股股东的利益侵占行为后的行动，令 $\alpha_{(x)} = \alpha$，$\gamma_{(x)} = \gamma$，且 $\alpha$，$\gamma$ 为常数，满足 $\alpha > 0$，$\gamma > 0$。这样，控股股东和小股东的收益函数分别为：

$$U_{L(x)} = \beta R_{t(x)} + R_{p(x)} - \beta C_{p(x)}$$
$$= [\beta(1 - \alpha) + \alpha - \beta\gamma\alpha] R_{(x)} \qquad (3-16)$$
$$U_{S(x)} = (1 - \beta) R_{t(x)} - (1 - \beta) C_{P(x)}$$
$$= (1 - \beta) R_{(x)} [(1 - \alpha) - \gamma\alpha] \qquad (3-17)$$

这时，控股股东价值最大化的条件为 $dU_{L(x)}/dx = 0$。由于括号内的 $\alpha$、$\beta$、$\gamma$ 都是常数，因而有 $dU_{L(x)}/dx = dR_{(x)}/dx = 0$。已把满足 $dR_{(X)}/dx = 0$ 的 $x$ 值记为 $x = x_0$。这样，在满足控股股东个人利益最大化前提下，控股股东和小股东的收益为：

$$U_{L(x_0, \alpha, \gamma)} = \beta R_{t(x_0)} + R_{p(x_0)} - \beta C_{p(x_0)}$$
$$= \beta(1 - \alpha) R_{(x_0)} + \alpha R_{(x_0)} - \beta\gamma\alpha R_{(x_0)}$$
$$= [\beta(1 - \alpha) + \alpha - \beta\gamma\alpha] R_{(x_0)} > \beta R_{(x_0)}$$

即 $U_{L(x_0, \alpha, \gamma)} > U_{L(x_0)}$ $\qquad (3-18)$

$$U_{S(x_0, \alpha, \gamma)} = (1 - \beta) R_{t(x_0)} - (1 - \beta) C_{p(x_0)}$$
$$U_{S(x_0, \alpha, \gamma)} = (1 - \beta) R_{(x_0)} (1 - \alpha - \alpha\gamma) < (1 - \beta) R_{(x_0)}$$

即 $U_{S(x_0, \alpha, \gamma)} < U_{S(x_0)}$ $\qquad (3-19)$

从式 3-18 和式 3-19 可以得出，$\alpha$ 值的引入使得控股股东在总收益中的分配比例由 $\beta$ 增加至 $\beta(1 - \alpha) + \alpha - \beta\gamma\alpha$，而小股东的分配比例则由原来的 $(1 - \beta)$ 降低至 $(1 - \beta)(1 - \alpha - \alpha\gamma)$。

假设小股东对公司的收益函数 $R_{(x_0)}$ 是基于完全信息条件下的，那么，小股东得知公司最大的收益数额为 $R_{(x_0)}$，就会坚持按照自己所占的股权比例获取相应的数额，即 $U_{S(x_0)} = (1 - \beta) R_{(x_0)}$，从而拒绝接受 $U_{S(x_0, \alpha, \gamma)} = (1 - \beta) R_{(x_0)} (1 - \alpha - \alpha\gamma)$ 数额。两者的差值为：

$U_{S(x_0)} - U_{S(x_0,\alpha,\gamma)} = (1 - \beta)R_{(x_0)} - (1 - \beta)R_{(x_0)}(1 - \alpha - \alpha\gamma) = (1 - \beta)(\alpha + \alpha\gamma)R_{(x_0)}$，这时，小股东将提高控股股东的融资成本，提高的数量为 $U_{S(x_0)} - U_{S(x_0,\alpha,\gamma)} = (1 - \beta)(\alpha + \alpha\gamma)R_{(x_0)}$。通过小股东的转嫁博弈，小股东从融资成本中获得额外的收益为 $U_{S(x_0)} - U_{S(x_0,\alpha,\gamma)} = (1 - \beta)(\alpha + \alpha\gamma)R_{(x_0)}$，这部分恰好补偿小股东因为分配份额减少带来的损失。这样，小股东获取的总收益为 $U_{S(x_0,\alpha,\gamma)} + (1 - \beta)(\alpha + \alpha\gamma)R_{(x_0)} = U_{S(x_0)}$ 和 $\alpha = 0$ 的情形是一样的。而对于控股股东来说，由于融资成本提高了 $(1 - \beta)(\alpha + \alpha\gamma)R_{(x_0)}$，其总收益为 $U_{L(x_0,\alpha,\gamma)} - (1 - \beta)R_{(x_0)}(\alpha + \alpha\gamma) = [\beta(1 - \alpha) + \alpha - \beta\gamma\alpha]R_{(x_0)} - (1 - \beta)R_{(x_0)}(\alpha + \alpha\gamma) = (\beta - \alpha\gamma)R_{(x_0)}$，其值小于 $\beta R_{(x_0)}$，因此，控股股东不但没有获得额外收益，反而要承担因侵占小股东利益而发生的成本。

上面的分析表明，在完全信息条件下，小股东如果能够熟知自己的收益函数，通过市场将对控股股东的利益侵占行为做出完全反应。最后通过双方的博弈，控股股东不能获得控制权私人收益。

（2）在不完全信息条件下，控股股东和小股东就控股股东利益侵占行为博弈的可能结果

在市场中，完全信息是不存在的，人们对经济运行信息的了解总是不完全的。在不完全信息条件下，人们不可能对公司未来的收益函数 $R_{(x)}$ 掌握完全信息。引入预期值和标准差，把 $R_{(x)}$ 看成是公司收益函数的预期值，$R_{(x)}$ 的标准差为 $\delta$，用函数 $R_{(\delta)}$ 表示 $R_{(x)}$ 的风险价值。令 $\alpha = \gamma = 0$，并用 $R_{(x_0)} + bR_{(\delta)}$ 来替代 $R_{(x_0)}$，其中 $b$ 为满足 $-1 \leqslant b \leqslant 1$ 的随机函数。通过这样的处理，得到：

$$U_{L(x_0,0)} = \beta[R_{(x_0)} + bR_{(\delta)}] \qquad (3-20)$$
$$U_{S(x_0,0)} = (1 - \beta)[R_{(x_0)} + bR_{(\delta)}]$$

$$= (1 - \beta)R_{(x_0)} + (1 - \beta)bR_{(\delta)} \tag{3-21}$$

通过式 3-20 和式 3-21 可以发现，即使控股股东在没有对小股东实施利益侵占的情况下（即 $\alpha = 0$），由于 $R_{(x)}$ 自身固有风险 $\delta$ 的存在，小股东的收益也将围绕其预期值 $(1 - \beta)R_{(x_0)}$ 而上下波动，波动的幅度为 $(1 - \beta)R_{(\delta)}$。或者可以说，如果小股东发现自己的收益围绕预期值 $(1 - \beta)R_{(x_0)}$ 波动，并且波动的幅度小于 $(1 - \beta)R_{(\delta)}$，那么，小股东认为这是正常情况下的收益波动。

现在，令 $R_{(\delta)} = 0$，即无风险的存在，同时启动控股股东对小股东的利益侵占行为，即令 $\alpha > 0$，对（3-4）式进行整理可以得到：

$$U_{S(x_0, \alpha, \gamma)} = (1 - \beta)(1 - \alpha)R_{(x_0)} - (1 - \beta)\alpha\gamma R_{(x_0)}$$
$$= (1 - \beta)R_{(x_0)} + [-(1 - \beta)\alpha]R_{(x_0)} - (1 - \beta)\alpha\gamma R_{(x_0)} \tag{3-22}$$

比较式 3-21 和式 3-22 可以发现，在式 3-22 的第二、三项的绝对值 $[-(1 - \beta)\alpha]R_{(x_0)} - (1 - \beta)\alpha\gamma R_{(x_0)}$ 小于式 3-21 中第二项的波动幅度 $(1 - \beta)bR_{(\delta)}$ 的情况下，对小股东来讲，他们无法分清或者需要支付很高的信息成本才能分清自己收益波动的原因，到底是正常的风险造成的，还是由于控股股东对自己的利益侵占行为造成的。在正常经营过程中，经营风险的客观存在使得小股东不能正确了解自己的收益函数，从而导致不能对控股股东的利益侵占行为做出完全反应[107]。

综上所述，控股股东通过侵占小股东的利益而实现自身利益最大化。控股股东对小股东的利益侵占可以采用直接偷盗的形式，但受到相关法律、法规的约束以及小股东"用脚投票"的威胁，因此在大多数情况下，控股股东的侵占行为都是以不易被人察觉的方式进行的。在内部公司治理不健全与外部会计管制不力的环境下，控股股东为了掩盖其侵占小股东利益的行为，势必通过会计行为异化使得小股东的收益控制在 $U_{S(x_0,0)} = (1-\beta)R_{(x_0)} + (1-\beta)bR_{(\delta)}$ 范围内。控股股东的利益侵占行为通过会计行为异化予以掩盖，促进了会计行为异化的发展，而会计行为异化由于可以掩盖控股股东的利益侵占，势必进一步加剧控股股东的利益侵占行为，两者相互促进，相辅相成。

## 3.3　控股股东会计行为异化实现的环境

会计行为环境错综复杂，包括了内部环境和外部环境，其对会计行为的影响，有的是直接的，有的是间接的。在内部环境中，公司治理在约束控股股东影响会计行为方面起着至关重要的作用；在外部环境中，会计管制发挥着对会计行为的监管作用。

### 3.3.1　内部环境

公司治理有多种不同的模式，每种模式的选择受初始条件和主观偏好的影响，但其进一步的发展则有一个自我强化的过程。初始结构选择确定后，在演进过程中其外部环境和自身状况会出现正反馈的现象，并导致初始结构的强化及变化空间的缩小，即路径依赖在发挥作用，各国公司治理的演进也呈现出这样的特点。

（1）公司治理是一种制度安排

自 20 世纪以来，随着公司所有权与经营权的分离，公司治理问题开始引起学术界的关注，公司治理问题是一个颇受争议的话题。

将公司治理视为一种制度安排是一种具有广泛影响的观点。

英国牛津大学管理学院院长 Myer[108] 将公司治理解释为一种制度安排，他在《市场经济和过渡经济的企业治理机制》一文中指出："公司治理是公司赖以代表和服务于它的投资者的一种制度安排，它包括从公司董事会到执行经理人员激励计划的一切东西。"

青木昌彦和钱颖一教授[109] 支持制度安排的观点，提出："公司治理结构是一套制度安排，用来支配若干在企业中有重大利害关系的团体，包括投资者、经理、工人之间的关系，并从这种制度中实现各自的经济利益。"

布莱尔（Blair）[110] 对公司治理内涵的解释是：公司治理是一整套法律、文化和制度性的安排，以决定公众公司行为的规范、控制权的配置及行使以及风险和回报的分配等。

Cadbury[111] 指出："公司治理是掌握、指导和控制公司的制度与过程。"

我国学者张维迎[112] 认为："狭义的公司治理结构是指公司董事会的功能、结构、股东的权利等方面的制度安排，广义讲则是有关公司控制权和剩余索取权分配的一整套法律、文化和制度性安排。"

公司治理作为企业内部的制度安排，同时也是会计行为主体提供会计信息的内部环境，会计行为主体要受到内部环境的制约。

（2）国有企业公司治理机制的变迁

我国很大一部分上市公司是在国有企业的基础上经改制发展起来的，国有企业的改革很大程度上是公司治理制度的改革，国有企业的改革历程体现了公司治理制度的演变过程。

①改革前国有企业的治理制度（1949—1978 年）

在传统计划经济下，国家对国有企业实行的是"统收、统支和统配"，从严格意义上讲，国有企业只是执行国家计划的一个车间，并没有真正拥有企业的自主权。政府部门掌握着企业资源的使用控制权，决定着企业的产、供、销及人、财、物的安排和使用，甚至企业的关停并转也由其决定。做为国有企业，不仅所有财产归国家所有，而且经营者完全是在行政指挥下进行生产经营，没有权力自主经营。企业的管理者实际上是行政官员。国有企业厂长受政府主管部门的直接管辖，由主管部门负责进行任免、考核和奖惩。传统计划经济下的国有企业，实质上是一种行政管理模式，社会资源由政府制订计划统一配置，企业生产由政府统一组织进行；企业内部党委会、职工代表大会和工会等监控机制。由于政府对国有企业的过度干预，以及政企不分，对企业的激励不足，直接引发了20世纪70年代末对国有企业缺乏经营自主权的改革。

②扩大企业自主权阶段（1979—1984年）

十一届三中全会以后，开始进行扩大企业自主权的试点工作。1979年5月，由国家经济委员会、财政部等6个单位在京、津、沪三地选择了首都钢铁公司、天津自行车厂、上海柴油机厂等8个单位进行扩大企业自主权的试点，地方各级政府在试点企业的经验基础上自行制定改革方案。

1979年7月，国务院发布了扩大国营工业企业经营管理自主权、实行利润留成等5个文件，要求地方各级部门在这几个文件的指导下选择少数企业开展试点工作，试点的规模迅速发展壮大。

在1980年12月举行的中央工作会议上，充分肯定了十一届三中全会以来的经济改革成绩，实践证明改革的方向是正确的，效果是显著的。针对1979年、1980年巨额财政赤字的出现，为了减少财政赤字对经济建设的影响，提出了努力增加财政收入的要求。各级政府为了促进当地经济的发展，以完成财政上缴任务，在扩权试点的基础上，开始试行利润包干的经济责任制。

经济责任制是在国家计划指导下，对扩权让利的继续和发展，以提高经济效益为目的，与责、权、利紧密结合的生产经营管理制度。

1984年5月，为了进一步调动企业积极性，扩大工业企业自主权，国务院又颁布了《关于进一步扩大国营工业企业自主权的暂行规定》，进一步扩大了企业在生产经营计划、产品销售、产品价格、物资选购、资金使用等方面的10项自主权。1985年9月，国务院又下发了由国家经济委员会、国家体制改革委员会制定的《关于增强大中型国营工业企业活力若干问题的暂行规定》的通知，要求在通知的十四条规定指导下，继续扩大企业的自主权，增强企业活力。

通过放权让利的改革，使国有企业逐步脱离了传统的计划经济体制，从而使企业成为一个相对独立的经济主体，国有企业的经营者和职工事实上可以分享企业的经济利益。由放权让利引起的国有企业治理制度变革，极大地调动了经营者和职工的积极性，促进了企业的发展和经济效益的提高，克服了以往激励不足的缺陷。但从监管的角度看，由于委托人和经营者的目标函数并不完全一致，为了防止企业损害国家的利益，国家通常采用严格的指标管理和行政命令管理。但指标的制定和监督需要大量的信息，获取信息的成本过高，而且对具体生产过程的直接监督控制，约束了经营者的创新意识，这样，监督的代价无形中大大增加。这种改革只是在计划经济基础上对责、权、利关系的调整，行政机构仍以所有者的身份出现在企业治理结构中，剩余索取权和控制权仍由其支配，企业并没有得到真正的自主权。

③实行两权分离阶段（1985—1993年）

在1984年10月召开的十二届三中全会上，提出了建立具有中国特色的、充满生机和活力的社会主义经济体制，促进生产力发展的基本任务。同时强调经济体制改革的中心环节是增强国有大中型企业的活力,把全民所有制企业的所有权和经营权适当分开,使企业真正成为自主经营、自负盈亏的独立经济实体。为了实现改革所确立目标,在十二届三中全会后,国有企业的改革进入到了一个新的发展阶段,在这一时期,开始实行"两权分离"的改革,在促进政企职责分开以及国有企业向市场主体转变方面发挥了重要作用。

在所有权和经营权可以分离的原则指导下,国有企业开始实行以承包经营责任制为主要形式的经营机制改革。在承包制下,承包人和国家一起作为剩余索取者,分享企业的剩余,以实现对经营者的有效激励,充分调动了承包者的积极性。但承包制下,对承包者的监督问题变得更加严峻。由于承包合同的短期性使得承包人对现有资产存在过度使用的情况,而且不愿进行新的固定资产投资,承包期间获取的收益被挪用和侵占的危险性大大增加。而且从经济学的角度看,由于承包者和国家共同分享企业剩余,在承包制下,不可能建立有效的监督机制。况且存在着事实上的"所有者缺位",必然导致经营者侵占国家利益的行为。

在国有企业中普遍实施承包制的同时,我国又开始尝试股份制的改革思路。通过构建公司治理模式,明确产权关系,为国有企业的进一步改革奠定基础,解决国有企业经营过程中的难题,为企业所有权多元化准备条件,优化公司治理结构,以便建立起有效的激励和约束机制。

④建立现代企业制度阶段(1994年至今)

1992年10月,党的十四大召开。会议明确提出,我国经济体制改革的目标是建立社会主义市场经济体制,以利于进一步解放和发展生产力。1993年11月,在十四届三中全会上,通过的《关于建立社会主义市场经济体制若干问题的决定》提出,建立现代企业制度，是发展社会化大生产和市场经济的必然要求，是我国国有企业改革的方向。实践表明，在国有企业建立现代企业制度有力地促进了企业的发展[113]。

1994 年《中华人民共和国公司法》（以下简称《公司法》）正式实施，公司法规定了公司法人治理结构形式，即决策董事会、监督监事会、执行经理人员的"三权分立"。股份有限公司和有限责任公司都要设立董事会和监事会，董事由股东选举产生，监事中必须有一定数量的职工代表，总经理由董事会聘任。公司以其全部法人财产，依法自主经营，自负盈亏，享有由股东投资形成的全部法人财产权，依法享有民事权利，承担民事责任。1997 年党的十五大提出"股份制是现代企业的一种资本组织形式，有利于所有权和经营权分离，有利于提高企业和资本的运作效率"，明确表示国有经济要从非关系国计民生行业和一般性竞争行业"退出"，缩小战线，通过改制和资产重组，实现投资主体多元化和股权结构多元化。

2002 年，在十六大上提出经济体制改革的重大任务是继续调整国有经济的布局和结构，改革国有资产管理体制。在中央政府和各地政府设立国有资产管理机构，以寻求有效的国有资产经营体制和方式。2003 年，党的十六届三中全会强调了要完善公有制为主体，多种所有制经济共同发展的基本经济制度。实现投资主体多元化，使股份制成为公有制的主要实现形式。至此，现代公司治理制度的目标和改革方式最终确定，国有企业公司治理制度建立的进程开始加快。

2006 年 1 月 1 日，新《公司法》正式实施。新公司法在强化公司自治的立法精神指导下，作出了新的修订。如在鼓励投资和创新方面采取了更为灵活的折中授权资本制度，降低公司最低资本要求，放宽了出资形式的限制、强化控股股东滥用公司法人资格的法律责任，增加有限责任公司在分红、投票权分配上的灵活性、加强少数股东的保护、允许设立一人公司等。

这一时期的国有企业公司制改革，少数企业克服体制障碍，通过企业改制或股票上市，建立了比较规范的公司法人治理结构，运用公司组织的内部监督机制，如董事会、监事会、股东大会进行监督，同时逐步重视外部监督机制，尝试控制权市场、委托代理竞争等。但在公司治理上，我国上市公司仍存在很多问题。

（3）我国公司治理的路径依赖

①我国公司治理的现状描述

我国的上市公司大多由国有企业改制而成，由于企业归国家所有，在进行股份制改造时，国有资产转化为国有股，在国有企业的股份制改革进程中，要始终确保国有经济的控股地位。在1999年召开的十五届四中全会上，也只提到"在不影响国家控股的前提下，适当减持部分国有股"，国有股的相对控股地位仍坚不可摧。

国有企业先后通过发起方式和募集方式进行改制，不管采用哪种设立方式，向社会公开发行的股票数量一般只占到发行后总股本的30%～40%，始终没有放弃国有股的控股地位。在这种情况下，国有股的数量要占到发行股票数量的60%～70%，而且很长时期，国有股不允许自由流通，长期维持一股独大的股权格局。

2006年，在有部分公司完成股改的情况下，第一大股东的持股比例有所下降，但仍具有较大的控制权，其他非控股股东对控股股东的制衡力量甚微。前五大股东掌握了大部分公司的持股比例，但第二到第五大股东即使持股比例相加亦不能撼动第一大股东的控制权，第六大股东的持股比例与第一大股东的持股比例相差悬殊，说明我国的股权结构仍属于高度集中状态。见表3－2：

表 3-2 中国上市公司大股东持股结构

| 持股比例(%) \ 年度 | 1998 | 1999 | 2000 | 2001 | 2002 | 2003 | 2004 | 2005 | 2006 |
|---|---|---|---|---|---|---|---|---|---|
| 第一大股东平均持股比例 | 45.22 | 45.51 | 44.39 | 44.00 | 43.41 | 42.50 | 41.65 | 40.32 | 35.98 |
| 前五大股东平均持股比例 | 59.24 | 59.73 | 58.99 | 58.57 | 58.72 | 58.66 | 58.83 | 57.48 | 52.49 |
| 第六大股东平均持股比例 | 0.86 | 0.87 | 0.82 | 0.77 | 0.80 | 0.80 | 0.89 | 0.92 | 1.09 |

资料来源：李建标，王光荣，李晓义，孙娟. 实验市场中的股权结构、信息与控制权收益 [J]. 南开管理评论，2008（1）：66-77.

国有企业经过几十年的制度变迁，股权高度集中和单一，形成了"三会四权"的制衡机制，即股东大会、董事会、监事会和经理层分别行使最终控制权、经营决策权、监督权和经营指挥权。但从实际情况看，由于股权的过度集中，公众股东的高度分散，董事会由大股东操纵或由内部人控制，形同虚设，没有形成健全的独立的董事会来保障健全的经营机制；从形式上看，监事会同董事会在法律地位上是平等的，似乎不受董事会的制约，能够对董事会和经理人员实行强有力的监督。但实际上董事会和监事会职能的划分，就从根本上排除了监事会有效监督董事会和经理人员的可能性，监事会对董事会和经理人员的监督缺乏内生机制。尤其在董事长和总经理兼任的情况下，加之监事会地位的低下和职能的弱化，公司不能形成有效的治理结构和制衡机制。在缺乏对控股股东有力的监督制衡的情况下，控股股东控制开始出现并日渐增多。

②我国公司治理路径依赖的原因

"路径依赖"这一概念最初来源于自然科学。1975 年，美国经济史学家、斯坦福大学教授保罗·大卫（Paul A. David）在他的著作《技术选择、创新和经济增长》中首次将"路径依赖"概念纳入到经济学的研究范畴之中。到了 20 世纪 80 年代，大卫（David）[114] 和亚瑟（Arthur）[115] 将这一概念引入到技术变迁的分析中，从而对路径依赖的内涵和作用机理进行了深入的探讨，最后由亚瑟（Arthur）[116] 将其用以探讨报酬递增对于经济系统运转的影响，开创了路径依赖在经济学中应用的先河。他们指出，在具有收益递增的动态经济过程中，技术演化存在的是多重均衡而非传统经济学分析结构赖以存在的单一均衡。同时，技术演化敏感依赖于其初始状态，对初始条件中偶然发生的、微小的历史事件十分敏感，它们影响和决定着技术最终发展的方向，而一旦某一技术（往往此技术并非最优技术）因偶然事件而被采用，收益递增机制便会促使它进一步流行并呈现前后连贯、相互依赖的特征，而很难为其他潜在的甚至更优的竞争技术所替代。

诺斯（North）[117] 进一步将路径依赖理论发展到制度经济学中，用来描述过去的绩效对现在和未来的深远影响，他深入研究的问题在于："第一，是什么决定了历史上社会、政治及经济演进的不同模式；第二，为什么那些绩效极差的经济还能够存在相当长的时期？"为什么无效的制度会持续存在？在现实中为什么被接受和应用的往往是那些相对低效率的技术，而不是其他可供选择的更优的技术。

诺斯（North）[117] 认为，路径依赖类似于物理学中的"惯性"，"一旦进入某一路径，无论是'好'的还是'坏'的都可能对这种路径产生依赖。沿着原来确定的路径，经济和政治制度的变化有可能进入良性循环的轨道，迅速优化；也可能沿着原来的路径往下滑，甚至被'锁定'在某种无效率的状态下而导致停滞。"

别布丘克（Bebchuk）和罗（Roe）在诺斯（North）关于制

度变迁的路径依赖理论基础上，将路径依赖理论思想进一步运用到对所有制和公司治理等现实问题的分析中。

别布丘克（Bebchuk）和罗（Roe）[118]发现，虽然一些国家的公司股权较分散，但管理者却能牢牢地控制公司；另外一些国家的公司所有权虽然较集中，但员工却能对公司产生有利的影响；针对这些现象，他们的研究清晰地表明一个国家的公司所有权结构模式明显地受到路径依赖影响。也就是说，由于路径依赖的存在，一个国家在任何时点的所有权结构模式都部分依赖于其以往所存在的模式。因此，在早些时点，如果一个国家由于当时的不同环境，或者甚至由于一些历史事件的发生，而形成了不同的所有权结构，那么，即使他们的经济发展环境在日后变得非常相似，由于受到路径依赖的影响，这些所有权的差异仍可能持续存在。

别布丘克（Bebchuk）和罗（Roe）[118]认为，公司治理的路径依赖主要形成于两个方面：结构驱动的路径依赖和制度驱动的路径依赖。其中结构驱动的路径依赖侧重于企业最初的所有权结构对随后的所有权结构的影响。制度驱动的路径依赖着重于最初的所有权结构，通过它们运用法定的制度治理公司形成的影响而对随后所有权结构的影响。公司制度是路径依赖的[119]。

A. 结构驱动的路径依赖

首先，结构驱动的路径依赖可能由于效率问题而引起，在某个 $T_1$ 时间点，对于特定的某一公司而言，有效结构的特性可能会依赖于其在更早的 $T_0$ 点的所有权模式[118]。我们国家为了保证国有企业控股的地位，最初选择了集中的所有权模式，假定当时这种选择是有效率的。公司在 $T_0$ 选择了集中的所有权结构后，可以通过增设独立董事，加强监事会的监督功能等来适应集中的所有权结构，而这些制度的前期投资已经沉淀在集中的所有权结构上，初始制度成本由于所有权结构的持续存在而降低，而改变这种结构，则会造成初始投资成本的浪费。由于我国国有资产在股份制改造中以国有股出现，国有资产比重大，不允许流通，形成了集中的所有权结构。集中的所有权结构，在沉没成本、互补性作用下，凭借其先占优势，利用规模效应和学习效应等，影响其日后的所有权结构的选择，我国现行的所有权结构依赖于早期形成的所有权结构。

其次，由于寻租的原因，可能一直维持原有适当的结构，即使它们在 $T_1$ 时间点已经不再有效[118]。企业所有权的变革需要掌握企业控制权的各方当事人相互合作。对控股股东来讲，只要所有权结构变革所带来的控制权私人收益不能补偿由此导致的损失，那么控股股东就会阻挠变革，即使他们认识到这种变革的作用。

在一股独大的背景下，上市公司的发展决策权牢牢控制在控股股东的手中。正如伍德罗·威尔逊所讲，在现代企业中，我们已经看到，个人湮没于组织之中，那些碰巧控制了组织的个人所掌握的权力增长到了异乎寻常的程度[74]314，所以，决策权的分散便不可能是现实的选择。控股股东是上市公司巨大利益的获得者，它通过新股发行可以募集巨额的资金；如果达到了再融资的条件，还可以进行配股或增发新股；通过和"庄家"配合，炒卖企业自己的股票，获取巨额利益；同时控股股东还可以使上市公司成为自己的"提款机"，为其源源不断地提供现金流，比如猴王集团。在集中的所有权结构下，分散股权，构建相互制衡的公司治理结构意味着控股股东的行为将受到多方的监督，其控制权力及其控制权私人收益的获得都将大打折扣，所以，控股股东为了保住自己的控股地位所带来的巨大经济利益，将会极力阻挠所有权结构的改革。

B. 制度驱动的路径依赖

诺斯（North）[117]认为，制度可以是正式的（法律、章程或规则），也可以是非正式的（行为标准、传递的社会符号）。正式制度是人们有意识建立的，并以正式方式确定各种制度安排。正式制度一般是一套明确标明的正式的行为准则，由国家或企业等正式组织制定和保障实施的，其目的是通过外在的惩罚措施对集体合作中存在的问题加以约束，以实现组织的共同目标。非正式制度是指对行为的明确或含混的期待，体现了组织中大多成员的利益和偏好。非正式制度在社会关系中形成，并在社会关系的演进变化中被强化。人类的许多正式制度都是在非正式制度的基础上建立起来的，同时，它也是正式制度能够有效发挥作用的必要条件。

### a. 正式制度

公司治理受公司制度的影响。公司最初的结构会对其未来制度产生影响，这将会进一步影响对公司结构的未来决策[118]。公司制度受所有权结构的影响，制度路径依赖的产生同样受效率和利益集团寻租的影响。首先，即使假定现存的公司制度是有效的，初始的所有权结构也会影响可供选择的公司制度的相对效率。因其适应了初始所有权结构的需要，消除了制度存在的障碍而得到发展，趋于长久。这种有效的制度存续时间越长，初始投资成本就越低。如果取代现存制度将导致初始投资成本的巨大浪费。有效率的制度部分依赖于其初始的所有权结构，公司制度是在适应初始所有权结构的基础上形成和发展的，与初始所有权结构相适应的公司制度形成了公司的治理结构。比如《公司法》中对国有企业改建为股份公司的规定、对国有独资公司的规定及 1999 年修订的《公司法》等都反映了初始所有权结构选择对公司制度的影响。后来，为了巩固公司法的实施，又颁布了一系列与之相配套的相关法律、法规，形成了制度间的互补性和协调效应。但在《公司法》中，股东大会、董事会的职权相互重叠，监事会在行使监督权时缺乏程序上的保证等，严重制约了对控股股东权力的制衡，难以形成对其的有效制约。

公司制度的选择同时也受到利益集团寻租的影响，公司制度的制定过程也是各利益群体博弈的过程，博弈的结果取决于博弈各方力量的强弱。博弈各方的力量又有赖于初始所有权结构的选择。在集中的所有权结构下，控股股东掌握着公司的资源和控制权。它拥有的资源越多，权力越大，就越有机会将这种控制权转变为社会中的政治力量，从而影响对公司制度的选择[120]。

最初依赖初始所有权结构制定的公司制度延用下来，它又直接影响到以后的公司结构的形成。因为现存公司制度保障了控制者拥有权力的合法化，而这种合法化的权力继而又会强化类似的公司制度。在控股股东通过合理合法的途径控制了上市公司以后，由于控股股东的绝对控制，小股东很难对公司的决策和管理施加重大影响，因而缺乏参与公司治理的途径，往往"用脚投票"。控股股东由于控制权可以带来巨大的收益使之不会轻易放弃控股地位。2006 年第一大股东持股比例的变化并不明显，也证明了这一点。

b. 非正式制度

在人类行为的约束体系中，虽然正式制度构成了基本结构，但它只占约束体系的很小一部分，当然是非常重要的部分，依靠强制力实施。人们行为的大部分是由非正式制度约束的，非正式制度在人的行为中起着非常重要的作用。

公司治理模式的选择是一定社会制度环境下理性选择的结果。一种治理模式的形成并不单纯取决于经济力量的强弱，也并非仅是由效率、寻租驱动演化的结果，而是包括习惯习俗、伦理道德、文化传统、价值观念等在内的因素共同作用的结果。

我国的公司治理结构有其自身的初始状态与约束条件。首先，我国的公司治理结构是由计划经济下的生产经营单位转变而来，它的发展必然受到客观制度环境和传统计划模式的影响与制约；其次，很大程度上是西方相关理论在中国的实践体现为人为设计与干预为主导的制度创新与制度移植的过程。我们知道，虽然正式制度比较容易移植，但是非正式制度由于其内在的传统性和历史积淀以及意识形态刚性等原因，可移植性往往较差，因此非正式制度的变迁是缓慢的和滞后的。因此，移植的制度再好，如果不能与制度系统中的其他制度兼容，后果只能是制度之间的相互排斥而非融合。

公司治理制度的有效性依赖于非正式制度的支撑，一个社会占主导地位的文化传统和价值观念是制度效率得以充分发挥的基础。如美国较为分散的股权结构和外部市场治理模式的形成源于在自由主义和平民主义思想意识的长期影响下，美国公众对垄断力量的恐惧和厌恶。而日本则是经过了较长的封建专制时期后，人们对垄断远没有美国民众那样敏感，崇尚集体主义的东方文化使得日本民众难以接受公司被无数所有者分散持有的现实，在此背景下形成大股东控制内部人的治理机制也就不足为奇了[121]。

我国深受儒家思想的影响，而儒家思想的起点是"家"。家族内部的关系用"孝"来维系，而无数个"家"就组成国家，即君主的"家"。在"家"中人们只能按照自己名分的大小、地位的尊卑说话行事。这种"家文化"也必然体现在企业文化结构中。家文化的一个重要特征是讲求和谐、避免冲突。家的形成可以是血缘、地缘、情缘等，也可以是靠利益联结的利益关系或权力关系。中国的家文化强调"和"，而西方文化强调"分"。家文化倾向于相互"依赖"，西方文化则倾向于"独立"。这也就是为什么在西方能够行之有效的"三权分立"的内部治理结构，移植到中国则成为有其名而无其实。在企业中，家文化的特权意识鲜明地体现为"家长制"作风，人们普遍对权力充满了敬畏与期待，使得制度的权威性丧失。例如，董事会本来是一个经营决策机构，是一个整体，在中国却变成了一个特权阶层，董事长变成了"一把手"。我国的公司法强调董事长作为公司的"法定代表人"，董事长比其他的董事会成员承担了更重要、更多的法律责任，他也就拥有了更多支配董事会行动的权力，而董事长基本上体现控股股东的意志。我们的制度安排也承袭了这种家文化的传统，往往造成内部监管机制的失效。在家文化中人们普遍还有一种仆从心理，直接导致了小股东缺乏参与公司治理的积极性，董事、监事唯董事长的马首是瞻。

中国长久以来重视人治、德治和礼治，轻法治，严重影响了人们的意识形态，一旦遇到问题首先想到的是依靠关系进行疏通，而非照章办事；西方文化重视个体，强调个体意识和创造意识，这就决定了它们是通过法治而不是通过道德进行自我约束的。资产阶级启蒙思想家强调权利必须通过既定的、公开的、有效的法律来行使，打出了"理性、民主、法治"的旗帜，人们在法律的约束下获得自由，在公司治理中形成了相互制衡的机制。先进的公司治理理论，我们可以移植，但深深镌刻在他们内心深处的意识形态、思维习惯以及传统文化等是我们移植不了的。在我国，几千年沿袭下来的意识形态、传统文化、思维习惯等也同样深深扎根于我们内心深处，严重阻碍了我国公司治理结构中"权力制衡"理念的形成，造成了公司治理的低效。

青木昌彦[108]等曾告诫说："离开一个国家的发展阶段以及其制度与习俗的历史，而去评判每种公司治理模式的优点以及对转轨经济的适用性，是没有什么意义的。"也说明了非正式制度在公司治理中的重要性。

我国的公司治理结构受初始条件的严格制约，有着强烈的路径依赖特征，正如诺斯（North）[122]所言，"人们过去作出的选择决定了其日后可能的选择"。建立在股权集中基础上的公司治理结构在我国的企业发展过程中不断地自我强化，控股股东在公司治理中一直居于主导地位，造成其权力的过大，在公司内部难以形成对其权利实质上的制衡，路径依赖难以被打破。因此，在公司治理机制中，要真正形成股东大会、董事会、监事会相互制衡的结构，必须借助外部力量或外生力量的作用[123]。

### 3.3.2 外部环境

会计行为主体是在一定环境的约束下提供会计信息的，在公司内部会计行为主体要受到公司治理的约束，同时，在外部要受到会计管制部门的监管。

（1）管制的定义

"管制"是从英文"regulation"翻译过来的。"regulation"，中文也常被翻译成"控制"、"监管"或"制约"。金泽良雄[124]认为，管制是指在以市场机制为基础的经济体制条件下，政府以矫正、改善市场机制内在问题即广义的市场失灵为目的，干预和干涉经济主体活动的行为。植草益[124]的定义：管制是指社会公共机构依照一定的规则对企业的活动加以约束的行为。美国学者丹尼尔·F.史普博[125]认为"管制是由行政机构制定并执行的直接干预市场配置机制或间接改变企业或消费者的供需决策的一般规则或特殊行为"。保罗·萨缪尔森和威廉·诺德豪斯[126]认为："管制是政府用来控制企业行为的法律或规定。主要种类有经济管制（它影响价格、市场准入、单个行业的服务，如电话服务业）和社会管制（它试图矫正影响到许多行业的外部性，如空气或水源污染）。"经济学巨著《管制经济学》、《制约经济理论》中"regulation"的基本含义是："以一定的规则去限制和约束。"

上述各种管制定义在内涵和外延上存在一定的差别，但基本上都回答了管制的主体是政府或社会公共机构；管制的对象和内容是对微观经济主体的经济行为进行规范与制约，而具体的微观经济主体经济行为随着管制的领域不同而不同，可以是银行、保险、证券或会计等领域；管制手段是建立规则和实施干预，如颁布相关法规及制定政策，实施经济调节、行政管理、控制及惩罚等。因此，阎达五[127]认为会计管制是指政府或会计职业团体对会计工作的干预，以确保会计工作能够合理、有序地进行。这种干预往往以一般规则或法规的形式出现。

（2）会计管制的制度变迁

①历史回顾：美国会计管制的产生和发展

1880 年前，以个体经营、合伙或家族式企业为主的美国工业，由于所有权与经营权的统一，以及企业并没有从社会筹集资金的期望，所以在美国大规模工业企业开始之前的相当长的一段时间内没有形成财务公开的惯例。

1880 年后，在美国，随着大规模工业企业的出现，很多企业开始采用发行股票方式融资。在这一时期，一些企业为了筹集到更多的资金，自愿披露会计信息，以吸引投资者，出现了管制的雏形。1900 年前后，在超过一半的州的公司法中提出了要为投资者提供财务报告的要求[128]，在会计信息披露方面迈出了至关重要的一步，只是规定比较粗略，没有详细规定披露的内容。另外，会计师也希望能有一个完整的理论体系来规范企业的会计信息披露，以强制企业向外公布真实的经营情况，但是，联邦政府对他们的呼吁置之不理。

1900 年以后，在促进经济发展进程中，随着企业地位和作用的不断提高以及投资者人数的扩大，人们意识到财务保密不利于企业的发展，会计信息使用者要求企业将财务公开，以有利于投资[129]。美国会计师协会也加入到了支持和要求企业公开会计信息的行列。虽然这一时期，企业财务"保密"的惯例并未完全被打破，但在各方的呼吁下开始动摇，如独立审计人员在对企业实施审计后需提供审计证明书成为一项惯例沿袭下来[128]。一些开明的企业如美国钢铁股份有限公司等自发支持财务信息公开[130]。但事实上，在很多州的公司法中，关于会计信息披露的案例并没有得到修改，企业管理当局并未要求公开会计信息，会计信息披露管制没有实质上的改进，而且投资者要求财务信息公开的呼声仍没有引起联邦法的变动。

在第一次世界大战中，工商界的作用使美国民众过度信任其创造力，随着正常生产的恢复，自由主义思潮开始抬头，会计管制的萌芽被扼杀。到了20世纪20年代，由于普遍认为工商业的改革已经结束，外部管制已经没有存在的必要，因此会计师的作用由原来保护第三者的利益转而保护工商业的利益。受此影响，会计执业界的发展和壮大受到了重创。过去为加强对工商界的监督以及保护公众利益而鼓励审计工作的管制机构影响力被挫伤。第一次世界大战前，在推动会计审计准则制定中起了积极作用的美国联邦储备委员会，在1918年颁布了《编制资产负债表的认可方法》后，一直到1929年经济危机的爆发，在长达十余年的时间里，几乎没有制定过任何的财务报告准则。第一次世界大战后，哈丁（Harding）总统和柯立芝（Coolidge）总统奉行"自由放任"政策，否定了外部的控制和干预。

这一时期，会计职业界举步维艰，当时人们奉行每个企业都根据自己的标准来公布会计信息，会计人员"天然"地在管理当局的授意下进行工作。在此情形下，管理当局按照自己的需求随意提供会计信息，而会计职业界在保障会计信息质量方面无能为力。在投机浪潮泛滥下，政府管制机构无力或其不愿意遏制投机情形，而且对投资者利益的保护漠然处之，就很容易理解当时的会计职业界在会计信息披露中的束手无策了。

1929 年，美国股市崩溃，导致了全球经济危机的爆发，投资者的投资无一幸免，直接的利益损失使投资者切实体会到了对会计信息披露进行管制的必要。现实的残酷盖过了"自由主义"的呼声，经济的萧条使联邦政府意识到政府对经济干预的重要性，完全的自由放任终将导致经济的毁灭。罗斯福上任后，推行凯恩斯关于国家干预经济的论点。1932 年，在美国参议院下属的"金融和通货委员会"举行的听证会上，充分的会计信息披露可以有效防范财务报告差错和弊端的发生得到了普遍认同。罗斯福采纳了该观点，并着手推行证券立法，加强对资本市场的监管。在罗斯福的促进下，美国的会计信息管制逐渐突破了以往的模式（如图 3 - 1）。发生于 1929—1933 年间的空前的、影响全球的经济危机，导致了完全放任的自由资本主义的结束，开辟了市场经济与政府管制相结合的所谓"混合经济"的新时代[131]。

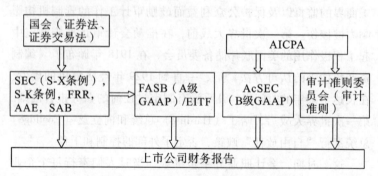

**图 3 - 1　美国上市公司会计监管实施机制**

资料来源：刘明辉，张宜霞. 上市公司会计监管制度及其改进. 会计研究，2002（12）.

②我国会计管制的制度变迁

新中国成立伊始，国家治理经济的主要任务是医治战争创伤，改造"烂摊子"经济，争取财政经济状况的根本好转。会计的重要任务就是建立统一的制度，恢复正常的会计秩序。要能通过会计制度，使会计活动如实反映，加强监督，提供可靠的信息，为制止当时的通货膨胀，稳定经济，恢复国民经济，争取财政经济状况的根本好转服务[132]。会计规范采用"制度"形式，具有明显的统一性和强制性，使会计信息直接满足国家宏观经济管理的需要，更好地适应统一财政经济体制的需要，建立在高度集中的计划经济体制上的会计管制是通过高度统一的会计制度来实现的。

1978年12月十一届三中全会的召开，中国经济体制逐渐由传统的计划经济体制向社会主义市场经济体制转变。

1985年，改革开放之初，多种经济成分的企业开始发展，《中华人民共和国会计法》开始实施；1992年，财政部和国家经济体制改革委员会联合颁布了《股份制试点企业会计制度》（1998年进行修订后形成《股份有限公司会计制度》）；同年，为了适应市场经济对会计信息的需要，促进改革的深入和开放的扩大，我国会计规范作了突破性的改革，用企业会计准则取代过去分部门分行业分所有制一统到底的会计制度，并按准则的内容改革各种重新归并后的会计制度，实行准则与制度两种规范形式同时并用，随后，财政部又陆续推出了具体准则征求意见稿；1993年，我国提出建立社会主义市场经济体制的目标，股份制企业获得合法地位，第一次修改《会计法》；为了进一步顺应股份制企业和资本市场大发展的需要，1999年第二次修订《会计法》以及2000年6月发布了《企业财务会计报告条例》；2001年1月1日，股份有限公司中开始实施《企业会计制度》。

随着控股股东和小股东代理问题的加剧，为解决控股股东占用上市公司资金和担保问题，2005年，证监会颁布了《关于集中解决上市公司资金占用和违规担保问题的通知》，要求集中解决上市公司资金被占用和违规担保问题，切实维护社会公众股东合法权益；采取多种措施，集中解决大股东占用上市公司资金问题；规范上市公司对外担保行为，化解上市公司担保风险等。

从 2005 年初开始，财政部在总结会计改革经验的基础上，顺应中国市场经济发展对会计提出的新要求，借鉴国际财务报告准则，全面启动了企业会计准则体系建设。2007 年 1 月 1 日，由 1 项基本准则、38 项具体准则和应用指南构成的企业会计准则体系，在上市公司范围内施行，鼓励其他企业执行。实施企业会计准则体系的企业不再执行原准则、《企业会计制度》和《金融企业会计制度》等。会计师事务所开始执行审计准则体系，实施会计审计准则体系，标志着我国会计、审计准则的国际趋同。会计、审计准则体系对有效提高会计信息质量、进一步提升我国会计、审计整体水平迈出了重要步伐。高质量的准则体系，为会计管制提供了更加科学有效的评判准绳和衡量标准。

经过几十年的发展，我国逐步形成了以财政部门为主体，以法律法规和操作规范为手段的会计管制体系（如图 3-2）。

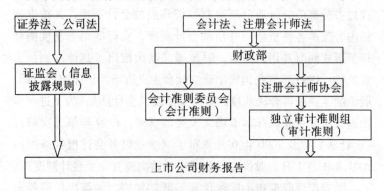

**图 3-2 中国上市公司会计监管实施机制**

资料来源：刘明辉，张宜霞. 上市公司会计监管制度及其改进 [J]. 会计研究，2002（12）.

（3）现实考察：会计管制与会计行为异化的互动关系

①会计管制的产生和发展是对会计行为异化规范的结果

1929 年经济危机爆发前，各个公司根据自己的需求随心所欲地公布财务报告，对于同一项交易，不同公司可能会有不同的处理方法，披露的会计信息不具可比性，使得投资者无所适从；同时，注册会计师在审计或者监管部门在监管时没有统一的标准，为会计行为异化的发生提供了广阔的操纵空间。

1929 年美国股市的崩溃以及由此引发的长达四年的全球经济危机，不仅终结了放任自由的资本主义时代，也彻底改变了证券市场的"游戏规则"，1933 年颁布的《证券法》和 1934 年颁布的《证券交易法》以及证券交易管理委员会（SEC）的成立，最终促使美国公认会计准则和审计准则的诞生。

在 1933 年颁布的《证券法》，其核心内容是充分披露，对于筹集资金的公司披露的信息要做到真实、详尽。在 1934 年颁布的《证券交易法》除了要求采用定期报告的形式进行充分披露外，披露的信息还应该是真实的。在此基础上，会计信息的披露一直都通过正式的文件来规范。

2001 年底，美国最大的能源交易商——安然公司会计造假案事发并导致其破产，给美国资本市场带来巨大冲击。每次危机都会带来政府更多的对市场的管制和干预，安然事件导致政府管制的影响可能是多方面的，但安然事件和随后的世界通信事件都与会计、审计有关，因而，美国政府的管制性干预也集中在会计与审计领域。

2002 年 7 月 25 日，美国国会通过了《2002 年萨班斯—奥克斯利法案》（Sarbanes - Oxley Act of 2002）。7 月 30 日，该法案经美国总统布什签署后，正式成为法律并生效。

安然公司轰然倒塌之前，美国注册会计师协会负责监督注册会计师的日常审计，但其资金来源主要由会计师事务所提供，在人员的使用、技术支持等方面也主要依靠会计师事务所，所以，由注册会计师协会监督与自身利益紧密联系的会计师事务所，其监督效能会大打折扣。基于注册会计师协会不能很好地履行监督职能，在《2002年萨班斯—奥克斯利法案》中很重要的一项内容就是：建立在资金、人员等方面独立于注册会计师协会的公众公司会计监督委员会，以加强对注册会计师行业的监督，通过建立行业外的独立机构来弥补单纯的行业自律机制的内在缺陷。

安达信会计公司具有丰富的审计经验及雄厚的专业知识，但对安然公司的会计问题竟未曾察觉，引人深思。其中一个重要的原因是因为安达信公司的利益与安然公司休戚相关：它不但为安然提供审计服务，还包括咨询服务，甚至包括代理记账，其中咨询服务带来的收入甚至超过审计服务收入，安然公司是安达信的第二大客户，2000年度，安达信向安然公司收取了高达5 200万美元的费用，其中咨询服务收入就超过了一半。基于安达信在安然事件中的表现，为了保障注册会计师的独立性，提高审计质量，《萨班斯—奥克斯利法案》专门针对审计独立性进行了详细的规定，其中包括对注册会计师业务范围的规定，明确指出不得同时向客户提供审计和非审计服务。

安然公司会计造假的一个主要方面是未将应予合并的特殊目的实体（Special Purpose Entity，简称SPE）的财务报表进行合并，以达到其粉饰报表的目的。而安然公司据以狡辩为什么没有合并的理由是，因为在对特殊目的实体的财务报表是否进行合并有明确的规定。如果在特殊目的实体中，独立所有者拥有总资本的3%以上，再辅以相应的"控制"判断，该特殊目的实体的财务报表就可以不予合并。安然公司正是利用这一"规则"，没有将发生巨额亏损的特殊目的实体的财务报表进行合并，结果导致公司的巨额亏损和负债被掩盖，利润和资产被虚增。其实，这一事件如果依据"实质重于形式"这一原则即可避免。因此，美国以"规则"为基础的会计准则体系的改革势在必行，在法案中，要求 SEC 对美国采用以"原则"为基础的会计体系进行研究，虽然没有明确美国会计准则体系应当采用"原则"基础，但预示着美国会计准则制定的方向将发生转变[133]。

针对安然事件中的打击报复行为及安达信销毁审计工作底稿的做法，法案还做出了集体的刑事责任的规定。

从我国会计准则的制定过程来看，我国第一个具体会计准则《关联方关系及其交易的披露》的出台直接源于琼民源案件的发生；《债务重组》准则是受世纪星源案件的影响而颁布的。①

通过分析国内外会计准则的制定过程，我们可以发现，在会计发展过程中，每一次重大事件的发生都推动了会计管制的进一步发展，会计管制是在规范会计行为异化的过程中形成和发展起来的。

②会计行为异化随会计管制的发展而变异

人是自利的、有限理性的经济人，每个自利的经济人在执行会计准则过程中，总是要设法最大化自己的利益。而他们在追求利益最大化的过程中，必须要受相应的法律、法规和道德规范的约束。而制度具有不完美性，他们正是利用现有规则或法规的不完美性，期望在现有规则范围内最大限度寻找可以利用的空间来实现自我利益。

安然事件发生之前，FASB 选择的是以具体规则为基础的准则制定方式，安然正是利用了对特殊目的实体是否纳入合并报表的 3% 的标准，因为按照会计惯例，如果非关联方的权益性资

---

① 李连军. 会计制度变迁与政府治理结构 [J]. 会计研究，2007 (6).

本投资在一个特殊目的实体中超过3%，可不将其进行合并，因此安然没有将发生巨额亏损和负债的特殊目的实体纳入合并报表范围，使得在具体规则中3%的标准成为安然会计行为异化借用的工具。又如，我国证监会要求上市公司净资产报酬率具体达到6%或其他标准才能配股，而上市公司如果想配股的话，为达到6%的标准，会想尽一切办法。

安然事件后，人们开始争论会计准则应当是以具体规则为基础，还是以基本原则为基础。以具体规则为基础的准则，由于有众多界限测试（如百分百测试）以及不同准则制定者制定的准则内在不一致（甚至同一准则制定者在不同期间制定的准则也内在不一致），从而形成了具体的标准反倒成为会计行为主体通过各种途径努力达到的目标，安然事件就是一个很好的证明。Nelson[134]等指出，严格的规则标准增强了管理人员操纵财务报告的能力，从而准则的有效性受到影响。以具体规则为基础的准则，不仅总是滞后于会计事项的发展，而且企业可以通过"业务安排"和"组织设计"轻而易举地逃避准则的约束。

相反，以"原则"为基础建立的准则没有众多的界限作为判定标准，它是高度概括和灵活的，使用者在"原则"指导下，自行进行职业判断，选择可行的会计处理方法，由于没有明确的指南作为范例，结果往往导致对于同样的业务处理不同的人基于不同的目的会选择不同的会计处理方法。根据原则导向，没有具体的政策界限，当存在利益分歧时，得出一致的结果几乎是不可能的[135]，最终只能诉求道德操守。因此，以"原则"为基础制定的准则，由于过分依赖会计行为主体的职业判断，导致对于同样的业务会得出不同的结果，同样给会计行为主体留下了巨大的操作空间。美国会计学会（American Accounting Association，简称AAA）得出结论认为，企业、审计人员、投资人员与监管者之间的紧张状态并不是详细规则或概念性原则所特有的。准则，无论采用何种形式，均不能解决这些冲突[131]。

以"规则"为基础制定的准则，会计行为主体利用规则制定标准实现操纵会计信息的目的；而以"原则"为基础制定的准则，会计行为主体往往利用与审计人员、会计信息使用者根据不同的职业判断选择了不同的会计处理方法作为会计行为异化的借口。会计准则作为会计管制的标准，不管是以"规则"为基础，还是以"原则"为基础建立的，一方面，它们在制约会计行为异化方面发挥了重要作用，抑制着会计行为异化的发生；但另一方面，由于准则不可能是完美的，总会给会计行为主体留下会计行为异化的空间，凭借准则的漏洞，以实现自身利益最大化。

会计管制在规范会计行为异化的过程中产生和不断发展，而会计行为异化随会计管制的发展不断地变异，两者循环往复。

（4）会计管制与控股股东会计行为异化的博弈分析

由于控股股东作为上市公司会计行为主体，存在通过会计行为异化以牟取非常利益侵占小股东利益的倾向，因而需要管制机关对其进行管制，以防止其会计行为异化造成会计信息失真，从而保护广大小股东的利益。假设：

①会计管制博弈的当事人有两个，包括管制部门和控股股东。管制机关与会计行为主体都是风险中性的理性经济人，双方都了解博弈的结构和自己的收益或成本。

②管制部门有责任对企业进行会计管制（如进行审计或其他措施），管制部门的策略空间为管制或不管制，管制者根据自身的预期效用决定采取哪种策略。

③会计行为主体的策略空间是异化或优化，会计行为主体作为有限理性的经济人，在追求自身利益最大化时，将根据自身的预期效用决定采取哪种策略。

对于管制者来说，即使进行管制，也不可能保证绝对成功查处控股股东的会计行为异化行为；不进行管制，控股股东的会计行为异化问题，有可能被举报，也可能不被举报。因此，管制者进行管制与不管制将有四种行为结果：管制，可能成功，也可能失败；不管制，可能被举报，也可能不被举报。对于控股股东来说，将有三种行为结果：会计行为优化，获得正常收益；会计行为异化，可能被举报，也可能不被举报。

进一步假设：

$U_R$ 为管制者的正常效用；

$R_R$ 为管制者成功查处控股股东会计行为异化后得到的奖励；

$P_R$ 为管制者疏于管制受到的惩罚；

$C_R$ 为管制者的管制成本；

$R_L$ 为控股股东优化会计行为正常收益，$R_L > 0$；

$E_L$ 为控股股东通过会计行为异化获得的额外收益，$E_L > 0$；

$P_L$ 为控股股东会计行为异化被查处受到的罚款。

则管理者和控股股东的博弈模型如表 3 - 3 所示：

表 3 - 3        **管制者和控股股东的博弈模型**

控股股东

| | | | 会计行为异化 | 会计行为优化 |
|---|---|---|---|---|
| 管制者 | 管制 | 查处 | $U_R + R_R - C_R,\ R_L - P_L$ | $U_R - C_R,\ R_L$ |
| | | 未查处 | $U_R - C_R,\ R_L + E_L$ | |
| | 不管制 | 被检举 | $U_R - P_R,\ R_L - P_L$ | $U_R,\ R_L$ |
| | | 未被检举 | $U_R,\ R_L + E_L$ | |

假定，管制者成功查处控股股东会计行为异化的概率为 $\theta$，控股股东会计行为异化被检举的概率为 $\gamma$。在博弈双方都是风险中性的假设之下，上述战略式等价于下面的战略式（见表 3 - 4）：

表 3 - 4　　　　　　管制者和控股股东博弈模型

控股股东

| 管制者 | | 会计行为异化 | 会计行为优化 |
|---|---|---|---|
| | 管制 | $U_R - C_R + \theta R_R,$<br>$R_L + E_L - \theta(R_L + E_L + P_L)$ | $U_R - C_R, R_L$ |
| | 未管制 | $U_R - \gamma P_R,$<br>$R_L + E_L - \gamma(R_L + E_L + P_L)$ | $U_R, R_L$ |

　　这个博弈的结果不存在纳什均衡，是一个典型的混合策略。混合策略意味着：如果控股股东通过会计行为异化使其发布的会计信息偏离客观事实，监管者最好的策略是增加审计成本努力去发现控股股东的会计行为异化行为；如果监管者选择增加审计成本努力发现控股股东是否存在会计行为异化行为时，控股股东的最好选择是如实反映客观事实；既然控股股东选择如实反映客观事实，监管者不增加审计成本是合理的选择；但若监管者未增加审计成本对控股股东的会计行为进行强化审计，那么控股股东的最佳选择是会计行为异化以获取可能的控制权私人收益……如此循环往复，不存在任何自动的纳什均衡。因为管制者存在的目的就是保障会计信息的真实性，而控股股东可能通过侵占小股东的利益实现自身利益最大化，势必导致会计行为异化的发生。管制者和控股股东利益的对立性决定了纳什均衡的不存在。这里隐含了一个假设——管制者和控股股东不存在共谋行为。

　　管制者是否增加审计成本发现控股股东的会计行为异化行为以及控股股东的会计行为是否发生了异化都是不确定的，假定管制者以概率 $p$ 选择管制行为，控股股东以概率 $q$ 选择会计行为异化行为。

　　给定 $q$，管制者选择管制和不管制的期望收益分别为：

$$V_R(1,q) = (U_R - C_R + \theta R_R)q + (U_R - C_R)(1 - q)$$
$$V_R(0,q) = (U_R - \gamma P_R)q + U_R(1 - q)$$

令 $V_R(1,q) = V_R(0,q)$，解得 $q^* = \dfrac{C_R}{\theta R_R + \gamma P_R}$

如果控股股东会计行为异化的概率小于 $\dfrac{C_R}{\theta R_R + \gamma P_R}$，管制者的最优选择是不管制；如果控股股东会计行为异化的概率大于 $\dfrac{C_R}{\theta R_R + \gamma P_R}$，管制者的最优选择是管制；如果控股股东会计行为异化的概率等于 $\dfrac{C_R}{\theta R_R + \gamma P_R}$，管制者随机地选择管制或不管制。

给定 $p$，控股股东选择会计行为异化和会计行为优化的期望收益分别为：

$$V_L(p,1) = [R_L + E_L - \theta(R_L + E_L + P_L)]p \\ + [R_L + E_L - \gamma(R_L + E_L + P_L)](1 - p)$$
$$V_L(p,0) = R_L p + R_L(1 - p) = R_L$$

令 $V_L(p,1) = V_L(p,0)$，解得：

$$p^* = \frac{E_L - \gamma(R_L + E_L + P_L)}{(\theta - \gamma)(R_L + E_L + P_L)}$$

如果管制者管制的概率小于 $\dfrac{E_L - \gamma(R_L + E_L + P_L)}{(\theta - \gamma)(R_L + E_L + P_L)}$，控股股东的最优选择是会计行为异化；如果管制者管制的概率大于 $\dfrac{E_L - \gamma(R_L + E_L + P_L)}{(\theta - \gamma)(R_L + E_L + P_L)}$，控股股东的最优选择是会计行为优化；如果管制者管制的概率等于 $\dfrac{E_L - \gamma(R_L + E_L + P_L)}{(\theta - \gamma)(R_L + E_L + P_L)}$，控股股东随机选择会计行为异化或优化。

对于变量 $p^*$ 而言，管制者容易控制的变量是 $\theta$ 和 $P_L$，$\theta$ 和

$P_L$ 越大，$p^*$ 就越小；对于变量 $q^*$ 而言，容易控制的变量是 $R_R$、$P_R$ 和 $C_R$，增大 $R_R$ 和 $P_R$，减少 $C_R$ 就可以使 $q^*$ 变小。证券监管的根本目标就是把被监管者的违法行动的概率控制在一个低的，可以接受的水平，因为完全杜绝违法行动的成本实在太高，这样反而得不偿失。根据经济学理论可知，$q^*$ 的水平应该控制在监管的边际社会收益大于等于监管的边际社会成本。

这样，如果加大管制者成功查处的概率及对控股股东会计行为异化的惩罚，控股股东会降低会计行为异化的概率，但从长期来看，注册会计师会理性地降低其对控股股东会计行为异化查处的概率，结果控股股东会计行为异化与真实反映的期望收益又趋于相等，最终控股股东会选择混合策略，并且其混合策略的概率选择取决于管制者的期望收益。概而言之，单纯增加对控股股东会计行为异化的惩罚而不改变管制者的期望收益，只能在短期起到抑制控股股东会计行为异化的作用。

同样，对于管制者，如果增大 $R_R$ 和 $P_R$，减少 $C_R$，则会促使管制者更加积极地去发现控股股东的会计行为异化，致使控股股东降低会计行为异化的概率（暂时），因此管制者积极地去发现控股股东会计行为异化与不积极地去发现的期望收益又趋于相等，管制者也会选择混合策略，混合策略的概率取决于控股股东的期望收益。由此可以得出结论：如果只单纯增加管制者的期望收益，而不改变控股股东的期望收益，虽短期可以提高管制者努力去查处控股股东会计行为异化的积极性，但长期并未改变管制者混合策略的选择。

通过该博弈可以清楚地看到，管制者对会计行为主体进行监督的最终结果是混同均衡，混同均衡具有非线性的特征，极不稳定，任何系统内、外的微小扰动都可能使最终的结果偏离混同均衡。为此，必须从特定的社会历史文化背景中寻找突破，这意味着不能够单纯强调管制者的监督而忽略控股股东意识形态因素。其实，控股股东是否会计行为异化以及管制者是否有积极性去查处是一个问题的两个方面，虽然短期看单纯采取对一方的惩罚来诱导其行为也许是恰当的，但从长期来看，并不能够改善任何一方的理性和道德风险行为。这里存在着一个对混同均衡的理解问题，也依赖于对"理性和均衡"之间辩证关系的理解[136]。为此，在控股股东会计行为异化十分严重和管制者监管机制不完善的情况下，加大对控股股东会计行为异化的惩罚固然重要，但也应该同时加大对管制者未能保持应有的职业谨慎的惩罚，尤其是要加大对管制者和控股股东合谋行为的惩罚力度[137]。

（5）注册会计师与控股股东的合谋

对注册会计师来说，作为有限理性的经济人，他会通过衡量一定的制度安排下的利益得失来实施审计。如果制度安排鼓励注册会计师提高审计质量，那么他会选择独立性；如果制度安排不鼓励提高独立性，审计质量将会下降。下面通过建立注册会计师与控股股东的合谋博弈模型进行分析。

①注册会计师和控股股东的合谋博弈模型

注册会计师和控股股东的合谋博弈模型包括：

A. 参与人集合：控股股东和注册会计师，分别为博弈方1和博弈方2。

B. 参与人的行动顺序：通常来讲，在控股股东会计行为异化的情况下，他会主动提出与注册会计师合谋，审计合谋中注册会计师一般系被动合谋居多，所以假设控股股东先行动，注册会计师后行动。

C. 参与人的行动空间。

第一阶段：控股股东1的行动空间（会计行为异化，会计行为优化）；

第二阶段：注册会计师2的行动空间（查处，未查处）；

第三阶段：注册会计师 2 的行动空间（合谋，不合谋）。

控股股东和注册会计师的博弈构成完全信息的动态博弈，以博弈树的形式表示，如图 3 - 3：

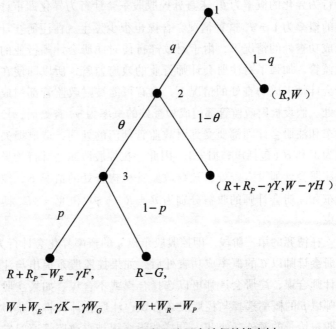

图 3 - 3　控股股东和注册会计师的博弈树

在博弈的第一阶段，控股股东首先选择会计行为异化或优化，假设控股股东正常情况下获得的收益为 $R$，注册会计师的审计收费为 $W$，控股股东选择会计行为异化的概率为 $q$，可获得控制权私人收益为 $R_P$，控股股东选择会计行为优化的概率为 $1 - q$。在这种情况下，注册会计师若出于降低审计成本的考虑，提供虚假审计意见，必然会遭到上市公司的强烈投诉，不会给注册会计师带来任何额外的收益，相反会使其信誉在业界降低。这种情况下，合谋通常不会发生，采用剔除劣战略的方式直接排除，博弈结束。控股股东和注册会计师的收益分别为 $R$ 和 $W$。

在博弈的第二阶段，即控股股东会计行为异化的情况下，注册会计师在履行全部审计程序后，假设成功查处控股股东会计行为异化的概率为 $\theta$，未查处控股股东会计行为异化即审计失败的概率为 $1-\theta$，这种情况，合谋也很少发生。在注册会计师未成功查处的情况下，由于财政部行使对注册会计师行业的行政监管，加强了对注册会计师行业的政府监管，所以即使在注册会计师未成功查处的情况下，也有可能被财政监管部门成功查处。假设被财政监管部门成功查处的概率为 $\gamma$，查处后，控股股东和注册会计师都要受到财政监管部门的处罚，造成损失分别为 $Y$ 和 $H$（包括声誉损失）。因此，在控股股东会计行为异化而注册会计师没有查处但被财政监管机构查处的情况下，控股股东和注册会计师的收益分别为 $R+R_P-\gamma Y$ 和 $W-\gamma H$，博弈结束。

在博弈的第三阶段，即控股股东以 $q$ 的概率异化会计行为，注册会计师以 $\theta$ 的概率成功查处后，如果控股股东提出与注册会计师合谋，注册会计师可以选择合谋或不合谋。如果注册会计师以 $p$ 的概率选择与控股股东合谋，注册会计师将会获得控股股东给予的额外好处 $W_E$。同样假设合谋被财政监管部门发现的概率为 $\gamma$，控股股东和注册会计师被财政监管部门处罚带来的损失为 $F$ 和 $K$，同时，还会导致注册会计师声誉下降，从而带来不可估量的损失 $W_G$，这时控股股东和注册会计师的收益为 $R+R_P-W_E-\gamma F$ 和 $W+W_E-\gamma K-\gamma W_G$。如果注册会计师以 $1-p$ 的概率选择不与控股股东合谋，据实出具审计报告，控股股东因注册会计师出具非标准审计报告造成的损失为 $G$（包括罚款、股价下跌损失、声誉损失等）；注册会计师可能受到控股股东的解约等处罚，从而造成损失 $W_P$，但声誉的提高可带来收益 $W_R$，这时控股股东和注册会计师的收益为 $R-G$ 和 $W-W_P+W_R$。这样，控股股东和注册会计师的博弈构成三阶段的完全信息动态博弈。

控股股东在会计行为异化的情况下，当其合谋的净收益大于不合谋的净收益时，他会向注册会计师传递合谋的信息，注册会计师同样在权衡合谋的净收益后决定是否接受，因此合谋产生的条件为：

$$R + R_P - W_E - \gamma F > R - G \qquad\qquad (3-23)$$

$$W + W_E - \gamma K - \gamma W_G > W - W_P + W_R \qquad (3-24)$$

设 $\Delta U_L$ 为控股股东的合谋净收益，$\Delta U_C$ 为注册会计师的合谋净收益，可知：

$$\Delta U_L = (R + R_P - W_E - \gamma F) - (R - G)$$

$$\Delta U_C = (W + W_E - \gamma K - \gamma W_G) - (W - W_P + W_R)$$

将以上两式化简：

$$\Delta U_L = R_P - W_E + G - \gamma F \qquad\qquad (3-25)$$

$$\Delta U_C = W_E - \gamma K - \gamma W_G + W_P - W_R \qquad (3-26)$$

②控股股东和注册会计师合谋的影响因素

当 $\Delta U_L = R_P - W_E + G - \gamma F > 0$，$\Delta U_C = W_E - \gamma K - \gamma W_G + W_P - W_R > 0$，作为理性的经济主体，控股股东和注册会计师就会作出合谋的理性选择，且 $\Delta U_L \Delta U_C$ 越大，合谋的激励越强。

A. 控股股东合谋的影响因素

只要 $\Delta U_L = R_P - W_E + G - \gamma F > 0$，作为有限理性的经济人，控股股东具备了合谋的前提条件，因此，对控股股东合谋产生影响的因素包括：$R_P$、$W_E$、$G$、$\gamma$、$F$。

显而易见，$R_P$、$G$ 和控股股东净收益正相关，合谋给控股股东带来的控制权私人收益越大，合谋的可能性越大，因此，可通过优化公司治理结构，培育良好的资本市场环境，减少控股股东对小股东的利益侵占；$G$ 为控股股东会计行为异化被注册会计师出具非标准审计报告后带来的损失，与控股股东净收益正相关，亦即控股股东被出具非标准审计报告带来的损失为控股股东合谋的强大动力，控股股东为减少损失，以避免被特别处理，甚至退市，极力与注册会计师达成合谋，如银广夏。

$$\frac{\partial \Delta U_L}{\partial \gamma} = -F < 0, \quad \frac{\partial \Delta U_L}{\partial F} = -\gamma < 0, \quad W_E, \gamma, F \text{与控股股东的净}$$

收益负相关，控股股东支付给注册会计师的灰色收益越大，其净收益越小；$\gamma$、$F$ 为合谋被发现的概率及其受到的处罚，因此，加强监管部门的监管，提高其发现问题的概率及加大对合谋的处罚，将有力地降低控股股东与注册会计师合谋的可能性。

B. 注册会计师合谋的影响因素

只要 $\Delta U_C = W_E - \gamma K - \gamma W_G + W_P - W_R > 0$，注册会计师同样也就具备了与控股股东合谋的前提条件，对注册会计师合谋产生影响的因素包括：$W_E$、$W_P$、$\gamma$、$K$、$W_G$、$W_R$。

$W_E$、$W_P$ 与注册会计师的合谋正相关，注册会计师从控股股东那获得的灰色收益越大，和控股股东合谋的可能性越大，因此，应加强对控股股东小金库等的管理，严防不合法的支出。$W_P$ 为注册会计师不与控股股东合谋受到控股股东的惩罚，$W_P$ 越大，注册会计师为了降低来自控股股东惩罚的损失，合谋的概率将会大大增加。在实际工作中，注册会计师通常为客户提供审计与管理咨询服务业务，管理咨询业务的平均利润率一般要高于审计业务，由此获得的超额利润严重依赖审计业务，注册会计师与企业的管理咨询业务将随着审计业务的终止而解除。当管理咨询业务给注册会计师带来的收益占的比重较大时，因其担心失去该业务往往与控股股东合谋。

从表 3 - 5 可以看出，美国道琼斯工业指数平均组成的 30 家大公司支付给注册会计师的审计费用和非审计费用。注册会计师得到的非审计费用远大于得到的审计费用，其中 30 家公司中有 26 家支付的非审计费用超过审计费用。这些公司的审计与非审计业务均由美国五大会计师事务所提供，由此可以看出非审计费用在注册会计师收入中所占的比重。

表 3-5　美国 30 家大公司支付审计费用和管理咨询费用一览表[138]

| 序号 | 公司名称 | 审计费用（百万美元） | 非审计费用（百万美元） | 非审计费用/审计费用 | 会计师 |
|---|---|---|---|---|---|
| 1 | 西南贝尔电信（SBC Communications） | 3.0 | 35.3 | 11.8 | E&Y |
| 2 | 国际造纸（International Paper） | 4.7 | 30.7 | 6.5 | AA - D&T |
| 3 | 美国电话电报公司（AT&T） | 7.9 | 48.4 | 6.1 | PwC |
| 4 | 霍尼（Honey） | 5.1 | 27.8 | 5.5 | PwC |
| 5 | 沃特·迪斯尼（Walt Disney） | 8.7 | 43.0 | 4.9 | PwC |
| 6 | 可口可乐（Coca - Cola） | 5.0 | 23.9 | 4.8 | EY |
| 7 | 通用汽车（General Motors） | 17.0 | 79.0 | 4.6 | DT |
| 8 | 强生（Johnson & Johnson's） | 9.3 | 43.1 | 4.6 | PwC |
| 9 | 杜邦（Dupont） | 7.0 | 30.0 | 4.3 | PwC |
| 10 | 国际商业机器公司（IBM） | 12.2 | | | PwC |
| 11 | 摩根大通（J. P. Morgan Chase） | 21.3 | 84.2 | 4.0 | PwC |
| 12 | 埃克森美孚公司（Exxon Mobil） | 18.3 | 65.3 | 3.6 | PwC |
| 13 | 家得宝（Home Depot） | 1.0 | 3.5 | 3.5 | KPMG |
| 14 | 美国运通（America Express） | 7.4 | 25.0 | 3.4 | EY |
| 15 | 卡特彼勒（Caterpillar） | 7.6 | 25.6 | 3.4 | PwC |
| 16 | 通用电气（General Eleceric） | 23.9 | 79.7 | 3.3 | KPMG |
| 17 | 微软（Microsoft） | 4.7 | 14.7 | 3.1 | DT |

表3-5(续)

| 序号 | 公司名称 | 审计费用<br>(百万美元) | 非审计费用<br>(百万美元) | 非审计费用/<br>审计费用 | 会计师 |
|---|---|---|---|---|---|
| 18 | 伊士曼·柯达<br>(Eastman Kodak) | 3.8 | 10.8 | 2.8 | PwC |
| 19 | 美国联合技术<br>(United Technologies) | 9.1 | 25.8 | 2.8 | PwC |
| 20 | 波音(Boeing) | 10.5 | 24.3 | 2.3 | DT |
| 21 | 麦当劳(McDonald's) | 2.7 | 6.2 | 2.3 | EY |
| 22 | 菲利普·莫里斯<br>(Philip Morris) | 17.3 | 29.3 | 1.7 | PwC |
| 23 | 明尼苏达矿务及制造<br>业(3M) | 4.5 | 7.2 | 1.6 | PwC |
| 24 | 英特尔(Intel) | 4.1 | 5.9 | 1.4 | EY |
| 25 | 宝洁<br>(Proctor & Gamble) | 11.0 | 15.8 | 1.4 | DT |
| 26 | 美国铝业公司<br>(Alcoa) | 5.7 | 6.9 | 1.2 | PwC |
| 27 | 花旗(Citigroup) | 26.1 | 24.6 | 0.9 | KPMG |
| 28 | 沃尔玛<br>(Wal-Mart Stores) | 2.8 | 2.0 | 0.7 | EY |
| 29 | 默克(Merck) | 4.2 | 2.1 | 0.5 | AA-KPMG |
| 30 | 惠普<br>(Hewlett-Packard) | N/A | N/A | | EY |

在安然事件中,虽然非审计服务并非是导致审计失败的罪魁祸首,但是注册会计师非审计服务与审计服务之间存在潜在冲突。安达信在为安然公司提供审计服务的同时,还提供了大量的非审计服务。2001年,安达信对安然公司的审计收费是2 500万美元,非审计服务收费则是2 700万美元。因此,注册会计师为审计客户提供非审计服务,且其所占比重较大时,注册会计师的审计独立性无疑受到了严重损害。审计与非审计服务之间存在利益冲突,注册会计师为了获得非审计服务的超额利润,往往不切实履行审计监督职能,反而成为控股股东会计

行为异化的帮凶。

2002 年美国国会通过了颇受争议的《萨班斯—奥克利斯法案》，法案中对为公众公司提供审计服务的会计师事务所的业务范围作了限制。而后不久其他国家的管理当局也都应声而起，纷纷出台相关政策法规。虽然非审计服务并不必然导致注册会计师与控股股东的合谋，但它确实增加了其合谋的可能性，所以应对其进行必要的限制与监控。我国在借鉴国际经验的同时，应鼓励和引导非审计业务，充分发挥审计委员会的作用，加强对非审计业务的监管，加强行业自律，不能因噎废食。

$\gamma$、$K$、$W_G$、$W_R$ 与注册会计师合谋的净收益负相关，因此，监管部门应提高对注册会计师合谋的监管力度，增大处罚，以降低其与控股股东合谋的概率；$W_G$ 为注册会计师与控股股东合谋行为被发现后所导致的声誉损失，合谋造成的声誉损失越大，合谋的净收益越小，合谋的概率越小，$W_R$ 为注册会计师不与控股股东合谋所形成的声誉收益，不合谋带来的声誉越大，合谋的概率越小[139]。

# 本章小结

本章主要分析了控股股东会计行为异化的形成机理。控股股东为了实现利益最大化的需要，以侵占小股东利益为动机，通过与经营者的合谋，演变为实质上的会计行为主体，公司政策基本上异化为控股股东个体意志的体现。在公司治理不能有效约束控股股东的权力，外部监管不力的情况下，形成了由控股股东操纵的会计行为异化。

# 4　案例分析

控股股东往往通过会计行为异化的方式实现侵占小股东利益的目的。本章以重庆实业为例分析了德隆先后通过控制中经四通、重庆皇丰等关联公司，成为重庆实业股份有限公司的控股股东，并导致其会计行为异化的过程。

## 4.1　案例介绍

重庆国际实业投资股份有限公司系经重庆市经济体制改革委员会批准，由中国重庆国际经济技术合作公司联合重庆市建设投资公司等单位共同发起，采用定向募集方式设立的股份有限公司。公司设立时注册资本为人民币5 000万元，其中内部职工股人民币1 000万元。1997年4月经中国证监会批准，该公司在深圳证券交易所发行普通股人民币1 000万股，每股面值人民币1元，发行后股本总额人民币6 000万元。1999年中国重庆国际经济技术合作公司和其他发起人将持有的本公司1 200万股股权转让给北京中经四通信息技术发展有限公司（以下简称"中经四通"），转让后，中经四通成为该公司第一大股东。1999—2001年间重庆皇丰实业有限公司（以下简称"重庆皇丰")、上海万浦精细设备经销有限公司（以下简称"上海万浦"）、上海华岳投资管理公司（以下简称"上海华岳"）通过受让法人股分别成为本公司第二、第三、第四大股东，上述前四大股东同受德隆国际战略投资有限公司（以下简称"德隆国际"）控制。

重庆实业在 2000 年公开披露的配股说明书中披露：1997 年、1998 年、1999 年的净资产收益率分别为 11.48％、6.82％、16.44％，3 年平均净资产收益率在 10％以上，任何一年净资产收益率不低于 6％。但 1999 年，扣除虚增净利润，重庆实业 1999 年实际净利润为 675.47 万元，实际净资产为 11 387.65 万元，实际净资产收益率为 5.93％；重庆实业 1997 年至 1999 年 3 年实际平均净资产收益率为 8.08％。重庆实业 1999 年实际净资产收益率和 1997 年至 1999 年 3 年的平均净资产收益率已达不到《关于上市公司配股工作有关问题的通知》规定的要求，为了实施配股，虚增净利润。

重庆实业在 2000 年、2001 年、2002 年和 2003 年的年度报告中未依法披露德隆与重庆实业之间的控制性关联关系。

2000 年、2001 年、2002 年和 2003 年年度报告中均通过虚假确认收入、关联交易等虚增利润，披露虚假财务信息。

2000 年、2001 年、2002 年和 2003 年的年度报告中未依法披露对外担保情况及未依法披露与德隆系之间的关联交易行为。

2003 年德隆的资金链条断裂后，作为其隐秘的关联方，重庆实业开始发挥其作用。表 4-1 列示了 2004 年重庆实业的现金流向：

**表 4 - 1**

| 使用方式 | 具体事件 | 后果 | "补救"措施 |
|---|---|---|---|
| 1. 购买股权 | 现金收购德隆国际及其关联公司控制的"德农种业"83%的股权及"山东农超"99.34%的股权。 | 现金流出2.6亿元 | 对该长期投资当年全额计提减值准备 |
| 2. 提供资金 | 公司董事会通过决议与"德农种业"、"山东农超"签订《资金占用协议》，以公司向"德农种业"、"山东农超"提供资金为名，将23.471万元划到东方网络，该款项实质为德隆国际占用。 | 现金流出2.3亿元 | 相应的应收款项全额计提减值准备 |
| 3. 违规担保 | (1) 为德隆国际提供担保2910万元；(2) 向德隆系的其他关联公司直接输送资金，提供贷款担保或股权质押担保3.5亿元。 | 潜在的现金流出3.82亿元 | 计提了几乎等额的预计负债 |
| 合计 | — | 8.72亿元 | — |

资料来源：黄世忠，叶丰滢. 上市公司报表粉饰新动向：手段、案例与启示［J］. 财会通讯，2006（1）：17.

在短短一年的时间内，重庆实业向德隆系其他企业的担保、投资和资金输送总额达到8.7亿元——不仅挥霍了4亿元的贷款，而且付出了4.7亿元的自有资金。然而，相对于德隆系的资金黑洞，这些开支无异于石沉大海。这直接导致了2004年底6.3亿元减值准备和3.2亿元预计负债的计提。重庆实业就这样轻而易举地被其控股股东——德隆及其下属企业掏空了。

2005年4月底，重庆实业以每股亏损14.08元创下历年来股市单股亏损新高，并因被注册会计师出具了拒绝表示意见的审计报告而被戴上"ST"的帽子。

# 4.2 重庆实业会计行为异化的表现

## 4.2.1 利润操纵

重庆实业在 2000 年公开披露的配股说明书中披露：1997 年、1998 年、1999 年的净资产收益率分别为 11.48%、6.82%、16.44%，3 年平均净资产收益率在 10% 以上，任何一年净资产收益率不低于 6%（见表 4-2）。

表 4-2

| | 1997 年 | 1998 年 | 1999 年 |
|---|---|---|---|
| 每股收益（元） | 0.241 | 0.124 | 0.11 |
| 净资产收益率（%） | 11.48 | 6.82 | 16.44 |
| 实际净资产收益率（%） | 11.48 | 6.82 | 5.93 |
| 披露净利润（万元） | 1 446.59 | 746.27 | 2 107.68 |
| 虚增利润（万元） | — | — | 1 432.21 |
| 实际利润（万元） | — | — | 675.47 |
| 虚增净利润占披露净利润的比例(%) | | | 67.94 |

资料来源：根据证监会处罚公告整理。

重庆实业在 1999 年度财务报告中披露的净利润为 2 107.68 万元。经查，1999 年重庆实业虚增净利润 1 432.21 万元，占当年年报披露净利润的 67.94%。扣除虚增净利润，重庆实业 1999 年实际净利润为 675.47 万元，实际净资产为 11 387.65 万元，实际净资产收益率为 5.93%；重庆实业 1997 年至 1999 年 3 年实际平均净资产收益率为 8.08%。重庆实业 1999 年实际净资产收益率和 1997 年至 1999 年 3 年的平均净资产收益率已达不到《关于上市公司配股工作有关问题的通知》规定的要求。

重庆实业上述行为违反了《中华人民共和国证券法》（以下简称《证券法》）第五十九条的规定，构成《证券法》第一百七十七条所述"未按照有关规定披露信息，或者所披露的信息有虚假记载、误导性陈述或者有重大遗漏"的行为。对此负有责任的公司董事以及财务总监等都受到了相应的处罚。

重庆实业在 2000 年度财务报告中披露的净利润为 1 739.15 万元，其中虚增净利润 1 423.86 万元，占当年年报披露净利润的 81.87%，扣除虚增净利润，重庆实业 2000 年实际净利润为 315.29 万元，每股收益由 0.26 降到 0.03。

2001 年，重庆实业在年度财务报告中披露的净利润为 1 768.63 万元，其中虚增净利润 1 287.6 万元，占当年年报披露净利润的 72.8%，扣除虚增净利润，重庆实业 2001 年实际净利润为 481.03 万元。

2002 年，重庆实业在年度财务报告中披露的净利润为 1 865.02 万元，实际虚增净利润 1 378.56 万元，占当年年报披露净利润的 73.92%。扣除虚增净利润，重庆实业 2002 年实际净利润为 486.46 万元。

2003 年，重庆实业在 2003 年度财务报告中披露的净利润为 1 969.1 万元，实际虚增净利润 1 279.65 万元，占当年年报披露净利润的 64.98%。扣除虚增净利润，重庆实业 2003 年实际净利润为 689.45 万元（见表 4-3）。

表 4 - 3

| | 2000 年 | 2001 年 | 2002 年 | 2003 年 | 2004 年 |
|---|---|---|---|---|---|
| 披露的每股收益（元） | 0.26 | 0.27 | 0.28 | 0.30 | - 14.08 |
| 实际每股收益（元） | 0.03 | 0.07 | 0.07 | 0.10 | |
| 披露净利润（万元） | 1 739.15 | 1 768.63 | 1 865.02 | 1 969.1 | |
| 虚增净利润（万元） | 1 423.86 | 1 287.6 | 1 378.56 | 1 279.65 | |
| 实际净利润（万元） | 315.29 | 481.03 | 486.46 | 689.45 | -92 952.55 |
| 虚增净利润占披露净利润的比例（%） | 81.87 | 72.8 | 73.92 | 64.98 | |

资料来源：根据证监会处罚公告及重庆实业年度财务报告整理。

### 4.2.2 虚假信息披露

（1）在 2000 年、2001 年、2002 年和 2003 年的年度报告中未依法披露德隆与重庆实业之间的控制性关联关系

经查，自 1999 年 6 月至同年 11 月，德隆先后通过中经四通、重庆皇丰等关联公司，控制重庆实业股份。截至 1999 年 11 月，德隆实际控制重庆实业的股份为 3 007.4 万股，占总股本的 50.12%；2000 年 11 月，重庆实业实施配股后，德隆实际控制重庆实业的股份为 3 013 万股，占总股本的 45.65%。德隆利用控股关系向重庆实业董事会派驻董事控制董事会、向重庆实业派驻经营管理人员控制公司经营管理。德隆是重庆实业的实际控制人，重庆实业的前 4 大股东存在关联关系。但是，重庆实业在 1999 年至 2003 年年度报告中，没有披露上述德隆利用公司前 4 大股东进行实际控制的情况，隐瞒了前 4 大股东之间存在关联关系的事实。

重庆实业上述行为违反了《证券法》第六十一条的规定，

构成了《证券法》第一百七十七条所述的行为。

（2）关联交易

在 2000 年、2001 年、2002 年、2003 年的年度报告中未依法披露与德隆系之间的关联交易行为。

经查，重庆实业对外转让股权的过程中，与德隆控制的关联企业共发生 5 笔关联交易，涉及总金额 35 726 万元，分别是：

①2000 年 9 月 29 日重庆实业三届四次董事会决议通过，将其持有的渝铜公司 55% 的股份转让给重庆市金络电子通信设备有限公司，后者为德隆控制的公司，金额为 3 927 万元。

②2001 年 12 月 10 日重庆实业三届十次董事会决议通过，将其持有南京重实中泰投资管理有限责任公司 40% 的股份转让给南京欧臣科贸实业有限公司，后者是德隆控制的公司，金额为 2 000 万元。

③2003 年 4 月 23 日重庆实业三届四十四次董事会决议通过，将其持有的扬州东方集团易事特科技有限公司 90% 的股权、东莞市东方集团易事特有限公司 10% 的股权转让给中企东方资产管理有限责任公司，后者是德隆控制的公司，金额分别是 7 055.99 万元和 173.76 万元。

④2004 年 4 月 27 日重庆实业四届二十三、二十四次董事会决议通过，从德隆控制的中极控股有限公司、内蒙古达林哈尔投资有限公司、云南特丰民工贸有限公司受让德农种业科技发展有限公司 73.67% 的股权，金额为 10 529 万元。从德隆及其控制的德农超市有限公司受让山东德农农资超市有限公司 99.34% 的股权，金额为 13 600 万元。

重庆实业在对外履行信息披露义务时，对前 3 项关联交易只披露了有关交易的时间、当事人和金额等，没有披露交易双方均是德隆控制的关联公司，以及属于关联交易的事实；对第 4 项关联交易没有及时对外披露，在补充披露时也没有披露详细关联关系。

重庆实业上述行为违反了《证券法》第六十一条和第六十二条的规定，构成了《证券法》第一百七十七条所述的行为。

（3）担保

在2000年、2001年、2002年和2003年的年度报告中未依法披露对外担保情况。

经查，从1999年6月至2004年6月，重庆实业及其子公司对外发生如下担保：

①重庆实业对外提供8笔信用担保，共33 800万元；重庆实业控股子公司对外提供7笔信用担保，共15 800万元。

②重庆实业对外提供2笔股权质押担保，共7 663.58万元。

③重庆实业从2001年11月至2004年4月，先后为德隆控制或利用的重庆新渝巨鹰实业发展有限公司等6家公司从事贷款或开具承兑汇票行为，以金额存单质押的方式予以担保，累计担保合同43笔，累计担保金额109 947万元。

重庆实业没有对上述担保行为及时作出临时公告，也未在2001年、2002年、2003年年度报告中披露。

重庆实业上述行为违反了《证券法》第六十一条和第六十二条的规定，构成了《证券法》第一百七十七条所述的行为。

# 4.3 重庆实业会计行为异化的形成

## 4.3.1 重庆实业的真正控股股东

所有权与控制权的分离主要是通过三种工具实现的：金字塔所有权结构、交叉持股和双重投票权。LLSV（1999）的研究还表明，金字塔的股权结构是控股股东获取和滥用控制权的主要途径，加剧了控制权与现金流权的分离，导致了上市公司价值的降低，而且加大了控股股东侵害少数股东权益的概率和程度。一般而言，控股股东会拥有显著超出其现金流权的对公司的控制权，并通过金字塔式的结构控制了公司并参与公司的经营管理，反映的是"股东背后的股东"。我国的上市公司中普遍采用的是金字塔的股权结构分离所有权与控制权。

在金字塔所有权结构中，处于塔尖的控股股东持有下一层子公司的控股股份，下一层子公司再持有更下一层的控制股份，通过这种层层控制结构，处于顶层的控股股东持有很少部分的股份就可以实现对下层公司的控制（见图4-1）。借助金字塔式控股方式，控股者的控制权以几何级数形式放大。通过这种结构，控股股东经常通过内部交易的方式把资源从一个公司转移到另一个公司，从而损害了小股东的利益。

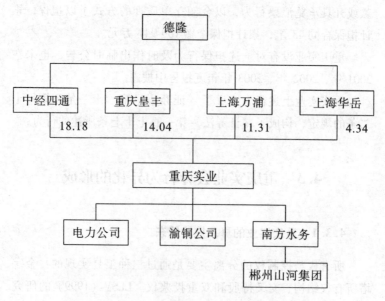

**图4-1　2001—2004年德隆控制重庆实业结构图**

自 1999 年 6 月至同年 11 月，德隆先后通过中经四通、重庆皇丰等关联公司，控制重庆实业股份。截至 1999 年 11 月，德隆实际控制重庆实业的股份为 3 007.4 万股，占总股本的 50.12%；2000 年 11 月，重庆实业实施配股后，德隆实际控制重庆实业的股份为 3 013 万股，占总股本的 45.65%。重庆实业被处罚的 2005 年，德隆通过控股子公司控制重庆实业的股权比例为 47.87%，绝对控制了重庆实业，成为重庆实业实质上的控股股东，其余股东必然对德隆起不到有效的制约作用，大股东同小股东之间的矛盾冲突更大。

### 4.3.2 违背会计行为规范

（1）配股

1999 年，重庆实业通过其控股子公司南京斯威特电力设备有限责任公司（以下简称"电力公司"，现更名为南京能发科技集团有限公司）通过虚构购销业务、人为制造现金流、虚开发票的方式，虚增净利润 1 643.14 万元；按重庆实业占电力公司总股本 80% 的比例计算，虚增重庆实业净利润 1 314.51 万元；重庆实业控股子公司重庆渝铜公路建设开发有限公司（以下简称"渝铜公司"）在未实际取得铜梁至中和 32.9 千米收费公路经营权的情况下，于 1999 年将不在本公司核算的铜梁至中和段的通行费收入，以虚拟应收铜梁县公路公司债权的方式虚假确认收入，虚增利润 214 万元，按重庆实业占渝铜公司总股本 55% 的比例计算，虚增重庆实业净利润 117.7 万元，从而使得重庆实业 1997 年、1998 年、1999 年的 3 年平均净资产收益率达到了配股要求，实现了其融资目的。

2000 年，通过融资，重庆实业筹集资金 9 000 万元，而其基准股本 6 000 万股，按每 10 股配 3 股计算，配股数量应为 1 800 万股，而其实际配股 600 万股，每股认购价格 15 元，9 000 万元全部由流通股东认购，大股东实际认购数量为 0。从 1991 年开始到 2003 年，我国 A 股市场通过配股方式的融资金额占总融资金额的比例达 33%。这说明配股融资是上市公司通过股权再融资来获得公司所需资金的重要渠道，并为越来越多的公司所采用。虽然越来越多的公司选择配股融资，但是，上市公司的配股认购比例并不高。通过计算上市公司实际配售股数与应配售股数之比，其平均认购率为 64%，其中有近 1/2 的公司配股认购比例未达到 50%[140]。这也证明了大股东通过配股融资圈钱的目的。

会计作为现代商业社会的通用语言，上市公司配股标准是以净资产收益率作为标准的，而会计本身具有弹性，为企业提供了利润操纵的机会。在我国目前的情况下，由于企业融资渠道相对狭窄，上市融资又受到政府的额度管制，上市公司为充分发挥资本市场的融资优势，扩大规模，自然会想尽办法达到证监会的配股要求，甚至不惜采用操纵利润的方式。证监会对配股权的修订充分认识到了利润操纵的存在，但始终是在围绕净资产收益率这一指标，所以，在制定配股标准时，既要考虑减少公司操纵利润的动机，又要考虑能够较好地保护投资者的利益。从原来单一的利润指标变更为包括利润数额和利润结构的多元指标。由于会计内在的钩稽关系，同时对利润数额和结构进行操纵必然难度较大，而且成本也较高，因此，这对于抑制利润操纵行为，尽可能地减小其影响将是有用的[102]。

（2）减值准备的计提

在德隆系的几大金融企业相继出事后，2003 年 8 月 29 日，银监会责令德隆旗下的金融公司金新信托停业整顿，华融资产管理公司成立了金新信托停业整顿工作组，华融重组德隆的步骤则渐次展开。随着信息的不断披露，德隆旗下的金融企业包括德恒证券、金新信托、东方人寿和新疆金融租赁公司等，似乎已经成了"烂摊子"。绝大多数市场分析人士都认为投资到这些企业中的钱，已经覆水难收了，这反映在资产减值计提准备上尤为明显。

2003 年 7 月，东方人寿因为挪用资金委托给德隆系进行理财等违规行为，已经被保监会勒令停业整顿。一年半前成立的东方人寿，并没有正式开展业务，东方人寿注册资本为 8 亿元，账面上只剩下 1 亿元，其余的 7 亿元都被委托给德隆进行国债投资了。随着德隆系资金链的断裂，这 7 亿元多半是"打了水漂"。重庆实业当初投资到东方人寿的 4 000 万元能否收回及收回多少都面临很大的不确定性，而重庆实业对投资于东方人寿的 4 000 万元，没有作任何资产减值计提准备。金新信托在被责令整顿后，重庆实业对投资到金新信托的 1 680 万元，也没有计提任何减值准备。在德恒证券频频爆出保证金和委托理财资金危机后，市场普遍认为德恒证券风险极大，重庆实业对投资到德恒证券的 4 900 万元，在中报中也只是计提了 20% 的减值准备[141]。

对坏账准备的判断实际上就是对应收账款能否收回及收回可能性的判断。企业一般应根据以往的经验、债务单位的实际财务状况和现金流量情况，以及其他情况来综合判断应收账款的可收回性。企业应建立健全有关坏账准备计提方法与程序以及损失处理的内部控制制度。在日常工作中应注意资料的收集、积累、更新和分析，为计提坏账准备提供依据。

由于制度的不完全性，对应收账款计提坏账准备，需要依靠会计人员的职业判断与职业道德两方面的素质，从而使得财务报告中会计信息质量存在不确定性和缺乏绝对的公正性。会计职业判断是决定会计信息质量高低的主要因素，高质量的会计信息有赖于进行恰当的会计职业判断，而会计职业判断对会计行为的影响又有赖于会计职业道德，因此，应加强会计职业道德建设，从而为高质量会计信息的生成奠定坚实的基础。

（3）关联交易

2002 年，重庆实业的控股子公司南方水务与关联企业郴州市自来水公司的往来业务中，南方水务的成本利润率为 404.33%，而郴州市自来水公司的成本利润率为 33.24%，显失公允。据此，重庆实业虚增净利润 517.92 万元。

重庆实业从 2001 年 11 月至 2004 年 4 月，先后为德隆控制或利用的重庆新渝巨鹰实业发展有限公司等 6 家公司从事贷款或开具承兑汇票行为，以金额存单质押的方式予以担保，累计担保合同 43 笔，累计担保金额 109 947 万元。重庆实业利用自身的资源为德隆提供担保，因担保而形成或有负债，增加了财务风险，直接导致了被 ST。

我国资本市场还很不健全，为控股股东利用关联交易攫取利润、进行内幕交易和操纵市场提供了便利，严重影响了资本市场的健康发展，损害了小股东的利益。上市公司为控股股东进行担保，将上市公司置于高风险下，严重影响了其财务状况。

重庆实业隐瞒了与德隆的实际控制关系，未依法披露与德隆系的关联交易与担保业务，重庆实业的行为违反了《证券法》第六十一条和第六十二条的规定，构成了《证券法》第一百七十七条所述的行为，相关当事人受到了处罚。

类似重庆实业这样隐瞒关联关系，通过关联交易、贷款担保、资产置换进行利益输送的上市公司在中国资本市场上为数甚众。在监管方面，中国证监会于 2003 年 8 月发布的《关于规范上市公司与关联方资金往来及上市公司对外担保若干问题的通知》（下文简称"通知"），对规范上市公司与控股股东及其他关联方资金往来，控制上市公司对外担保风险等内容作出规定。"通知"在一定程度上起了遏制和警醒的作用，但由于近年来中国股市"造系"运动盛行，"系内公司"间错综复杂的嵌套式持股结构缠绕成了一张巨大的关联关系网。通过这张网，造系者往往可以轻易地将关联交易"外部化"——通过自己控制的上市公司从银行贷款，再让控制的上市公司相互担保贷款，进行关联交易，编造业绩。不论对投资者、注册会计师和监管者而言，隐性关联交易都是一颗毒瘤。如何防范关联交易"外部化"，如何提高关联交易审计质量，如何遏制上市公司通过关联交易输送利益，已成为能否从根本上提高我国上市公司审计质量的关键问题，关系到我国资本市场的健康发展[142]。

### 4.3.3 公司治理

重庆实业 2001 至 2003 年年报披露，其前四大股东一直为北京中经四通、重庆皇丰实业、上海万浦精细和上海华岳投资，并宣称他们之间"不存在关联关系"。但其 2004 年 6 月发布的上年年报补充公告中指出，上述前四大股东均为德隆国际控股的子公司，也就是说重庆实业的绝大多数股份为德隆国际控股一家把持。在这份补充公告中，重庆实业承认"德隆派出的人员占据了我公司董事会大多数席位，我公司的董事会实际上被德隆控制了"，而且其经理亦由德隆委派。

德隆事件发生后，重庆实业公告称，公司把 1.1 亿元和 1.24 亿元分别划给了德隆旗下的东方网络传输科技有限公司和山东农超，由于受德隆控制公司董事会的影响，当时未及时公告。可见，重庆实业完全被德隆控制[143]。

2002 年，重庆实业通过其控股子公司发生的关联交易虚增净利润 517.92 万元，独立董事未对关联交易定价的公允性进行审核；在担保事项中，独立董事未能对被担保人的经营、信誉情况进行事前审核，也未对发生的关联交易是否符合法定程序等发表独立意见，致使中小投资者蒙受了不必要的损失[144]。而在 2001 年 8 月，证监会已发布了《关于在上市公司建立独立董事制度的指导意见》（以下简称《指导意见》），推行独立董事制度的主要目的之一，在于抑制大股东与上市公司之间的恶性资金占用行为。《指导意见》要求：重大关联交易应得到独立董事的认可，同时，独立董事应对上市公司的股东、实际控制人及其关联企业对上市公司现有或新发生的总额高于300万元或高于上市公司最近经审计净资产值的5%的借款或其他资金往来发表独立意见。独立董事制度成为一种强制行为，独立董事作为维护中小股东合法权益的代言人本应对损害中小投资者合法权益的事项进行抵制，但重庆实业的独立董事均未真正履行其职能。因此，在独立董事资格的选聘上，应更加严谨，明确其职责，建立激励与约束机制，使其真正"独立"于控股股东。

独立董事不履行其职能，不能发挥其保护中小股东权益的作用。但有时即使独立董事切实履行了其职能，亦不能发挥其阻止控股股东侵占小股东利益的行为。2004年，重庆实业董事会违规对外担保的一项议案，三名独立董事均投了反对票，但由于他们只占董事会的三分之一，该议案仍得以通过。在《指导意见》中，要求独立董事占董事会成员三分之一以上，然而《指导意见》确定的独立董事构成比例是否合适？经济合作与发展组织（OECD）1999年的调查显示，独立董事占董事会成员的平均比例，美国为62%，英国为34%，法国为29%。相比之下，我国独立董事的履职环境还有待改善。独立董事所占的比例低，可能导致出现即使独立董事均投反对票也不能阻止那种侵害弱势利益相关者权益的议案通过的尴尬局面[145]。即使独立董事占董事会成员的比例达到了三分之一，独立董事在董事会中仍然属于少数派，很难制约代表大股东利益的内部董事，更何况许多独立董事都是"花瓶"董事，并不独立。因此，只有当独立董事的人数占董事会成员的比例超过半数，才能真正发挥其监督作用。建议增加独立董事在董事会中的比例，增加独立董事的力量，使得独立董事有力量来抗衡代表大股东利益的内部董事，从而加强对关联交易的审查和监督，真正代表中小股东的利益。

### 4.3.4 会计管制

我国上市公司的会计监管体系不能说不全面，但并没有发挥其应有的作用。控股股东通过关联交易转移资产或虚增利润、违规担保等损害小股东利益屡见不鲜。重庆实业从 1999 年开始为取得配股资格虚增利润、披露虚假信息，直至 2005 年其违规事实才受到处罚，这是一个漫长的过程。由于重庆实业的造假历程经历了 5 年之久，给小股东造成了极大的侵害。

证监会对上市公司的监管包括发行监管、市场监管、公司监管等，是一种全方位的、带有普遍性、全局性的监管方式，主要集中在制度层面，对于发现的带有普遍性的问题主要通过制定政策来弥补。对控股股东通过会计行为异化侵占小股东利益的行为，还应该依靠注册会计师发挥其经济警察的作用，保证其提供的会计信息的真实、可靠。

从 1999 年开始，重庆实业的大股东便有关联关系，2004 年重庆实业被查处前，其前四大股东均受德隆国际控制，但自 2000 年起的历次定期报告中均未真实披露前四大股东之间的关联关系，以及实际控制人为德隆国际的事实。在 1999—2004 年，重庆实业通过关联交易虚增利润，隐瞒与关联方的业务往来及对外巨额担保，重庆实业与关联方之间发生严重的违规行为，而在其相应的年度报告中均未得以反映。2001 年、2002 年、2003 年的审计报告均由负责审计的江苏公证会计师事务所注册会计师马某某、孙某某出具，全部为标准无保留意见的审计报告。在重庆实业的案例中，注册会计师在连续 3 年的审计中，应该对其情况有了全面的了解，而且新疆德隆对公司的间接控制早已是人所共知的事实。从事后德隆系崩溃对该公司造成的严重影响情况来看，上述关联方关系及交易的重要性是注册会计师不可以忽视的。而标准无保留意见审计报告的出具，究竟是注册会计师没有实施必要的审计程序，还是虽然经过必要审计程序但未能识别出关联方关系及交易，抑或是在已知存在上述关联方关系及交易的情况下故意错误选择审计报告类型？无论哪一种情况，都造成了严重的后果。

# 本章小结

重庆实业的业绩在 1997 年时每股收益 0.241 元，在被德隆控制后，业绩逐年下降，在 2004 年被查处时，每股收益巨亏 14.08 元，重庆实业在短短的 5 年当中，就被德隆"掏空"了。本章详细分析了重庆实业控股股东会计行为异化的过程。重庆实业的控股股东会计行为异化的动机在于通过侵占小股东利益以实现自身利益最大化，由于控股股东几乎控制了企业的所有重大决策，因此，重庆实业的各种行为已经体现为控股股东的独立意志。掌握着企业控制权的德隆为了自身价值的最大化，在控制重庆实业董事会及经理层的情况下，通过关联交易、违规担保等方式侵占小股东利益，而监管部门并没有起到应有的作用，致使重庆实业被"掏空"。

# 5 控股股东会计行为异化识别模型的构建

## 5.1 文献回顾与研究假设

### 5.1.1 文献回顾

　　会计信息是会计行为的结果，通过对会计信息的分析可以洞察企业的会计行为。勒贝克（Loebbecke）[146]等对20世纪80年代中期存在会计舞弊的企业进行问卷调查，利用L/W模型46个变量进行分析。调查表明，在条件、动机和态度三个要素中，88%的企业至少在一个方面同未舞弊企业存在显著差别。贝尔（Bell）和卡塞尔（Carcello）[147]利用逻辑回归模型对财务欺诈进行识别，依据美国审计委员会颁布的第53号审计标准涉及的21个质量变量，从L/W模型中选择了25个变量，首先通过卡方检验从两组样本中找出存在显著差异的变量，然后在180家数据的基础上建立了逻辑回归模型，模型对未发生财务欺诈企业的识别率达到了96%，识别率较高，对发生财务欺诈企业的识别率为55%，总体来讲，模型较好地对欺诈企业和未欺诈企业进行了识别。

对发生会计行为异化的企业进行问卷调查，很难取得真实的资料，因此，对会计行为异化的研究，研究者们大多根据数量指标建立会计行为异化的识别模型，很少根据质量指标建立识别会计行为异化模型。

贝内斯（Beneish）[148]对 64 家受到美国证券交易委员会处罚的企业，从股权结构、销售情况等方面选取了 16 个数量指标，运用 Probit 方法，建立了会计行为异化的识别模型。

利用逻辑回归模型，比斯利（Beasley）[149]对发生财务欺诈的 75 家企业和未发生财务欺诈的 75 家企业分别测算了发生财务信息欺诈的概率。

格瑞（Green）和曹（Choi）[150]将人工神经网络运用于预测企业发生会计信息失真的概率。他们假设人工神经网络可以将发生会计信息失真企业错分为正常企业，以及将正常企业错分为会计信息失真企业的概率在 50% 以下。构建的神经网络对正常企业的识别率为 74%，对发生会计信息失真企业的识别率为 68%。

国内学者在会计行为异化研究领域也做了相关的实证研究。

肖星、陈晓[151]以上市公司中存在强烈利润操纵动机的亏损公司、扭亏公司和保配公司为样本，分析了三组公司在可能发生利润操纵的当年与上年相比利润表和资产负债表的结构变化及其差异，结果表明这些差异的确显著存在。

王斌、梁欣欣[152]以深圳证券交易所 2001—2004 年信息披露质量评级报告结果、1 884 家上市公司的面板数据及 4 年的分年度数据为研究样本，从公司治理、经营状况角度分析、讨论了它们与信息披露质量间的内在关系。实证结果表明，上市公司信息披露质量与独立董事在董事会中所占的比例、财务收益能力、资产规模等因素正相关；与资产负债率负相关；与股权结构没有明显的相关性；董事长与总经理合一型公司，其信息披露质量较低。

方军雄[153]选择应收账款与流动资产比、管理费用与销售费用之和与销售收入比、非实物资产占总资产比例、销售税金及附加与销售收入比和速动比率5个指标，同时选取1993—2000年48家欺诈公司和92家公司作为控制样本，利用线性概率模型和逻辑回归模型来构建识别财务欺诈模型，结果发现逻辑回归模型的效果更好，回判正确率为65%，预测正确率为72%。

### 5.1.2 研究假设

（1）公司治理与控股股东会计行为异化
①控股股东持股比例

股权的适度集中使控股股东和小股东的利益在一定程度上趋于一致，有助于缓解控股股东和小股东之间的矛盾。股权集中可以使控股股东具有足够的激励去收集信息并有效监督经营者，从而避免了股权高度分散情况下的"搭便车"问题，这种监督包含对经营者生成财务报告过程的监督，从而股权集中有可能提高财务报告的质量[8]。但是，股权的过度集中可能形成利益侵占问题，即拥有较多控制权的控股股东和小股东之间存在严重的利益冲突，当控股股东的控制权不能受到有效制约时，控股股东可能牺牲小股东的利益追求自身利益的最大化。控股股东持股比例越高，控股股东对公司的控制能力越强，其操纵信息生成及披露的空间越大，会计信息质量可能会越低。拉波尔塔（La Porta）[19]等人认为，控股股东利益和外部小股东利益常常并不一致，两者之间存在严重的利益冲突。控股股东可能与经理层合谋，利用自身的信息强势地位和选择性披露的财务报告内容，误导其他外部投资者。范（Fan）和翁（Wong）[154]通过对东亚国家上市公司的研究证实了这一点。他们认为，股权集中度与信息披露质量存在着负相关关系，而且在给定拥有足够的控制能力的情况下，公司最终控制权和现金流权的分离度越大，越不利于公司信息披露质量。

我国上市公司中"一股独大"现象普遍存在，对控股股东的权力缺乏有效的控制，使其及易操纵会计信息的生成，为此提出假设1。

假设1：控股股东持股比例与控股股东会计行为异化的发生正相关。

②流通股比例

通常情况下，流通股比例越高，股权结构就会越分散，会带来外部监管的有效性。如果流通股比例过小还不足以形成足够的力量通过股东大会对管理层进行监控，但毕竟可以通过"用脚投票"表明自己的态度。随着流通股比例的扩大，流通股股东所起的作用亦会越来越大。为此提出假设2。

假设2：流通股比例与控股股东会计行为异化的发生负相关。

③股权制衡度

股权制衡度（第二到第五大股东持股比例和与第一大股东持股比例的比值）是指少数几个大股东分享控制权，通过内部牵制，使得任何一个大股东都无法单独控制企业的决策，达到互相监督、抑制掠夺的效果。控股股东在持股比例较高时，有强烈的谋取私人利益的偏好和侵占公司资源或谋取其他股东无法获得的私人利益。如果存在多个大股东并共同分享控制权，使得任何一个大股东都无法单独控制企业，那么就能比较有效地降低大股东的控制权，形成对控股股东权力的约束。为此提出假设3。

假设3：股权制衡度与控股股东会计行为异化的发生负相关。

④两职合一

董事会是股东与经理层之间的桥梁，其职责在于组织和主持董事会会议，以聘用、解雇、评价和奖励首席执行官（CEO），代替股东监督和激励企业管理层。但在我国的上市公司中，上市公司董事长（或副董事长）和总经理的职位经常合二为一，削弱董事会的监控功能。由于内部治理结构中的制衡机制未能得到有效运行，形成了上市公司事实上的"内部人控制"现象，经理层和董事会为了谋求其自身利益，倾向于隐瞒对自身不利的信息，合谋操纵利润，从而降低了会计信息的质量。古尔（Gul）和莱昂（Leung）[155]发现两职合一的领导结构，可能不利于信息披露质量提高。霍（Ho）和翁（Wong）[156]对香港上市公司的实证检验发现，公司自愿信息披露与公司治理机制间存在交互作用，非执行董事独立性、两职分离等与自愿信息披露质量呈显著相关。为此提出假设4。

假设4：两职合一与控股股东会计行为异化的发生正相关。

⑤董事会规模

比斯利（Beasley）[149]发现董事会规模与财务造假的可能性成正相关关系。在国内的研究中，崔伟、陆正飞[157]发现在国有控股公司中，董事会规模与会计信息透明度显著正相关。袁春生、韩红灵[158]的研究结果表明：董事会规模与财务舞弊直接负相关。

董事会规模过大将导致董事会决策的分歧增大，各个董事之间权责不明，监督职能弱化，从而使公司运作效率低下，控股股东更易控制董事会，以增加操纵会计信息的可能性。据此，本书提出假设5。

假设5：董事会规模与控股股东会计行为异化的发生正相关。

⑥独立董事人数在董事会中的比例

研究表明，当公司治理结构不能有效制约控股股东和管理层自利行为时，公司提供低质量会计信息的可能性较高。董事会外部成员比例增加能显著减少财务报告欺诈现象发生的可能性，即外部独立董事增多会显著提高会计信息披露质量；并且，随着企业外部董事任期的延长以及外部董事所任职公司数目的减少，财务欺诈可能性趋于下降[149]。查尔斯（Charles）[159]等以香港上市公司信息披露水平为样本，研究表明，独立董事在董事会中比例越高，公司信息披露水平越高。但他们同时发现，如果公司存在着家族控制（以个人控股超过10%来衡量），则独立董事的这种作用就受到限制。吴清华、王平心[160]研究发现，公司拥有更高比例的独立董事能更好地抑制公司的盈余管理行为。这些实证研究都表明独立董事对提高会计信息质量有着积极的作用。因此，本书提出假设6。

假设6：独立董事人数在董事会中的比例与控股股东会计行为异化的发生负相关。

⑦监事会规模

现代企业的组织结构中，普遍设立监事会对董事和经理实施有效的监督和监察，作为公司治理结构中的制衡机构。我国还从法律上确定了监事会的内部监控职能。《公司法》规定，监事会由股东代表和适当比例的公司职工代表组成，成员不得少于3人。监事会可以行使检查公司的财务等职权，但没有罢免董事的权力，缺乏足够的制约董事会行为的手段。实践中，监事会成员大多数由公司内部人员担任，在行政上置于总经理的领导之下，缺乏独立性，因此监事会的监督权通常流于形式。监事会人数的增加可能有利于对董事和经理的监督。因此，本书提出假设7。

假设7：监事会规模与控股股东会计行为异化的发生负相关。

⑧独立董事报酬

独立董事应当独立地行使其职权，独立董事一旦从公司获取高额收益后，两者形成关联性，便使其失去独立性，出现独立董事不愿意和管理层发生对抗（甚至反而合谋）的现象。事实上，独立董事和管理层就公司的决策发生严重冲突的时候，独立董事往往不是采取公开的反对态度[161]，而是采取主动辞职的方式"逃逸"董事会。在这种"以脚投票"的情况下，独立董事并没有很好地维护股东的权益。因此，本书提出假设8。

假设8：独立董事在公司领取报酬与控股股东会计行为异化的发生正相关。

⑨监事报酬

监事的独立性是保证其职能有效执行的重要因素，我们不能奢望在公司领取报酬的监事能够与公司管理层保持绝对的独立。如果监事能够与公司在经济利益上保持独立性，其监管效果必然会有效。因此，本书提出假设9。

假设9：监事在公司领取报酬与控股股东会计行为异化的发生正相关。

（2）财务指标与会计行为异化

COSO（1999）对在1987—1997年间发生过会计行为异化的204家美国上市公司的舞弊手段进行分析，归纳出了被普遍使用的方法（见表5-1）：

表5-1　　COSO报告归纳的会计行为异化手段

| 使用方法 | 会计行为异化公司使用手段占204家样本公司的比例 |
| --- | --- |
| 1. 不当的收入确认 | 50% |
| 记录虚假收入 | 26% |
| 提前确认收入 | 24% |
| 没有描述（含高估收入） | 16% |

表5-1(续)

| 使用方法 | 会计行为异化公司使用手段占204家样本公司的比例 |
|---|---|
| 2.高估资产（不含应计收入欺诈导致的应收账款虚增） | 50% |
| 高估现存资产<br>记录不存在资产或没有所有权的资产<br>费用资本化 | 37%<br>12%<br>6% |
| 3.低估费用或负债 | 18% |
| 4.其他 | 28% |

*注：因为每家公司可能不止使用一种会计行为异化手段，因此每一大类会计行为异化手段的比例不等于其下子项目比例合计数。

参考上述分类标准，并结合我国上市公司发生会计行为异化的实际情况，将上市公司会计行为异化的使用手段归纳为以下六类：①不当的收入确认，包括记录虚假收入和提前确认收入两种方式；②高估资产，包括高估现存资产、记录不存在的资产或没有所有权的资产及费用资本化三种方式；③不当的费用估计，包括少转销售成本和低估费用与负债两种方式；④操纵非经常性损益；⑤控股股东或关联方占用资金未披露；⑥其他。

根据此分类标准，以从2004年到2009年5月止，会计行为异化发生于2001年后，因涉及信息披露虚假或严重误导性陈述而被中国证券监督管理委员会处罚的上市公司为样本（不包括未及时披露而受到处罚的公司），对它们处罚决定书中列举的会计行为异化事项进行分析汇总，并归纳出我国上市公司会计行为发生异化时使用的手段和使用频率。

具体的汇总方式为：对证监会处罚决定书中列举的每一事项进行分析，每涉及一种会计行为异化方式，就做为一例；而对于同一张处罚决定书的不同事项里涉及的同样的异化手段，统计为一次。初步归纳分析表明，这些上市公司首次进行会计行为异化的手段使用情况见表5-2：

表5-2　我国上市公司首次会计行为异化使用手段

| 使用方法 | 例数 | 比例（%） |
|---|---|---|
| 1. 不当的收入确认 | 15 | 31. 25 |
| 　记录虚假收入 | 13 | 4. 17 |
| 　提前确认收入 | 2 | 27. 08 |
| 2. 高估资产（不含应计收入欺诈导致的应收账款虚增） | 8 | 16. 66 |
| 　高估现存资产 | 1 | 2. 08 |
| 　记录不存在资产或没有所有权的资产 | 6 | 12. 5 |
| 　费用资本化 | 1 | 2. 08 |
| 3. 不当费用估计 | 12 | 25 |
| 　少转销售成本 | 2 | 4. 17 |
| 　低估费用与负债 | 10 | 20. 83 |
| 4. 操纵非经常性损益 | 2 | 4. 17 |
| 5. 控股股东或关联方占用资金未披露 | 11 | 22. 92 |
| 总计 | 48 | 100 |

从表5-2我们可以发现，不当收入确认的会计行为异化手段是使用最为频繁的一种手法，比例高达31.25%，其中确认虚假收入占主要地位；不当费用估计次之，比例达到25%；控股股东或关联方占用资金列第三，比例达22.92%；其后为高估资产，比例为16.66%。

随着会计的不断改革以及会计行为异化手段的不断发展，对控股股东会计行为异化的识别并没有一劳永逸的理论或模型，识别会计行为异化的理论或模型亦需要不断的改进。根据我国上市公司会计行为异化的实现手段，可以发现上市公司主要通过不当的收入确认、不当的费用估计、控股股东或关联方占用资金不披露、高估资产等方式实现会计行为异化。上市公司通过一些不当手段力图掩盖自己的行为，但百密一疏，其行为总会漏出蛛丝马迹，因此，我们可以通过一些财务指标来识别其行为。

根据上市公司会计行为异化手段的分析，参考国内外已有的研究成果，本书选取以下财务指标进行统计检验：毛利率、应收账款周转率、应收账款占流动资产的比重、其他应收款占流动资产的比重、期间费用占主营业务收入的比重、营业税金及附加占主营业务收入的比重、存货周转率、应收账款净额占应收账款的比重、其他应收款净额占其他应收款的比重、固定资产折旧占固定资产原值的比重、固定资产减值占固定资产原值的比重、其他业务利润占主营业务利润的比重、非经常性损益占利润总额的比重、每股现金流量 14 个财务指标，并做进一步的分析。

## 5.2　样本选择与研究变量的设计

### 5.2.1　样本数据的来源及选择程序

资料来源于中国证监会网站（http：//www. csrc. gov. cn）中的"处罚公告"、上海证券交易所（http：//www. sse. com. cn）、深圳证券交易所（http：//www. sse. org. cn）、新浪网站（http：//www. sina. com. cn）及上市公司公布的年报。

（1）研究样本

本书收集了 2004 年至 2009 年 5 月因提供与事实不符的财务

报告而被证监会处罚的上市公司，因独立董事指导意见2001年颁布，所以只选择了舞弊年度始于2001年以后的公司，其中有些公司因为披露不全或不及时而被处罚，因其不影响财务指标，故予以剔出，这样，共选择了29家被证监会处罚的公司作为研究样本。

（2）配对样本

为了控制外部环境和行业因素的影响，为每家被处罚公司选取了控制样本公司，选取步骤如下：①行业标准：在舞弊开始年度，配对样本公司与被处罚公司同属一个行业；②配对公司与被处罚公司上市时间接近；③总资产规模接近。这样共选择了45家配对公司作为样本，样本公司总数为74家。

（3）发现问题

通过分析证监会对这29家上市公司的处罚决定内容，发现以下问题：

①期间较长。从上市公司开始舞弊到其被查处往往经历的时间都比较长，以2009年查处的上市公司为例，圣雪绒开始舞弊的时间为2001年，而到其被处罚已经过去了8年；中电广通和酒鬼酒开始舞弊的时间为2003年，时间也长达6年。

②多为财务状况不佳。29家上市公司中，其中4家先后退市；4家在处罚时为ST公司，19家在被处罚后先后ST，1家为上市资格作假被处罚，所以其会计行为异化手段多为虚增利润或资产。

③手段多样。29家被处罚的上市公司其手段五花八门，包括高估收入、少转费用、虚增资产等。

### 5.2.2 数学模型及变量定义

我们以29家上市公司开始舞弊年度的数据资料与45家配对公司同一年度的数据资料为样本，运用Logistic回归法进行实证分析。

Logistic 回归模型是对二分类因变量进行回归分析时常用的多元统计方法,其模型数学表达式为:

$$logit(y) = \ln\left(\frac{p}{1-p}\right) = \beta_0 + \beta_1 x_1 + \beta_2 x_2 + \ldots + \beta_k x_k$$

$$(5-1)$$

等价表示为:

$$p = \frac{\exp(\beta_0 + \beta_1 x_1 + \beta_2 x_2 + \ldots + \beta_k x_k)}{1 + \exp(\beta_0 + \beta_1 x_1 + \beta_2 x_2 + \ldots + \beta_k x_k)} \quad (5-2)$$

其中,$y = (1,0)$ 表示会计行为异化是否发生,$y = 1$ 表示会计行为异化,$y = 0$ 表示正常。$p$ 为会计行为异化发生的概率,$\beta_i(i = 0, 1, \cdots k)$ 为待估参数,$x_i(i = 1, 2, \cdots k)$ 为自变量。

根据假设确定公司治理变量及财务指标变量,各自变量的定义及取值情况见表 5-3、表 5-4:

表 5-3 　　　　　公司治理变量定义表

| 变量名称 | 代码 | 备注 |
|---|---|---|
| 控股股东持股比例 | $G_1$ | |
| 流通股股东持股比例 | $G_2$ | |
| 股权制衡 | $G_3$ | 第二、三、四、五大股东持股之和与第一大股东的持股之比 |
| 两职合一 | $G_4$ | 董事长或副董事长是否兼任总经理,是取"1",否取"0" |
| 董事会规模 | $G_5$ | |
| 独立董事人数在董事会中所占比例 | $G_6$ | |
| 监事会规模 | $G_7$ | |
| 独立董事是否在公司领取报酬 | $G_8$ | 是取"1",否取"0" |
| 监事是否在公司领取报酬 | $G_9$ | 是取"1",否取"0" |

表5-4 财务指标定义表

| 变量名称 | 代码 | 计算公式 |
| --- | --- | --- |
| 毛利率 | $X_1$ | 销售毛利/销售收入净额 |
| 应收账款周转率 | $X_2$ | 赊销收入净额/平均应收账款 |
| 应收账款占流动资产的比重 | $X_3$ | 应收账款/流动资产 |
| 其他应收款占流动资产的比重 | $X_4$ | 其他应收款/流动资产 |
| 期间费用占主营业务收入的比重 | $X_5$ | 期间费用/主营业务收入 |
| 营业税金及附加占主营业务收入的比重 | $X_6$ | 营业税金及附加/主营业务收入 |
| 存货周转率 | $X_7$ | 销售成本/存货平均余额 |
| 应收账款净额占应收账款的比重 | $X_8$ | 应收账款净额/应收账款 |
| 其他应收款净额占其他应收款的比重 | $X_9$ | 其他应收款净额/其他应收款 |
| 固定资产折旧占固定资产原值的比重 | $X_{10}$ | 固定资产折旧/固定资产原值 |
| 固定资产减值占固定资产原值的比重 | $X_{11}$ | 固定资产减值/固定资产原值 |
| 其他业务利润占主营业务利润的比重 | $X_{12}$ | 其他业务利润/主营业务利润 |
| 非经常性损益占利润总额的比重 | $X_{13}$ | (利润总额－营业利润)/利润总额 |
| 资产利润率 | $X_{14}$ | 利润总额/资产平均占用额 |
| 每股现金流量 | $X_{15}$ | (经营活动所产生的净现金流量－优先股股利)/流通在外的普通股股数 |

### 5.2.3 实证分析

首先对被证监会处罚的29家上市公司与45家为被处罚公司进行基本统计量分析与显著性检验。

(1) 公司治理与控股股东会计行为异化关系的实证分析

首先对公司治理指标进行显著性检验，见表5-5：

表 5-5　　　　　　　公司治理变量的均值 T 检验

| 变量 | 是否异化 | 样本数 | 均值 | 标准差 | 均值 T 检验 | |
|------|---------|--------|------|--------|-------------|--------|
| | | | | | T | Sig. (2tailed) |
| $G_1$ | 1 | 29 | 0.390 941 | 0.168 304 | 3.255 | 0.002 |
| | 0 | 45 | 0.280 182 | 0.090 283 | | |
| $G_2$ | 1 | 29 | 0.401 310 | 0.125 407 | -0.305 | 0.762 |
| | 0 | 45 | 0.411 222 | 0.143 356 | | |
| $G_3$ | 1 | 29 | 0.636 948 | 0.626 521 | -2.693 | 0.009 |
| | 0 | 45 | 1.001 907 | 0.529 326 | | |
| $G_4$ | 1 | 29 | 0.482 8 | 0.508 55 | 2.524 | 0.015 |
| | 0 | 45 | 0.200 0 | 0.404 52 | | |
| $G_5$ | 1 | 29 | 9.793 1 | 2.582 62 | -0.523 | 0.603 |
| | 0 | 45 | 10.066 7 | 1.911 69 | | |
| $G_6$ | 1 | 29 | 2.517 2 | 1.502 87 | -1.120 | 0.266 |
| | 0 | 45 | 2.889 9 | 1.318 09 | | |
| $G_7$ | 1 | 29 | 4.275 9 | 1.306 48 | 0.643 | 0.523 |
| | 0 | 45 | 4.066 7 | 1.404 54 | | |
| $G_8$ | 1 | 29 | 0.862 1 | 0.350 93 | 0.448 | 0.655 |
| | 0 | 45 | 0.822 2 | 0.386 65 | | |
| $G_9$ | 1 | 29 | 0.965 5 | 0.185 70 | 0.903 | 0.370 |
| | 0 | 45 | 0.911 1 | 0.287 80 | | |

从表 5-5 可以发现，T 检验表明被处罚公司与未被处罚公司在控股股东持股比例、股权制衡和两职合一三个指标上表现为显著不同。

被处罚公司控股股东持股比例、两职合一高于未被处罚公司，而股权制衡低于未被处罚公司，表明股权的集中虽然减少了监督成本，但由于制衡度较低，且两职合一严重，缺少对控股股东的权利约束，使得控股股东较易操纵公司。

这三个指标可用于识别控股股东的会计行为异化，但这三个指标可能存在相关性，对它们进行相关性检验，见表 5－6：

表 5－6

| | | G1 | G3 | G4 |
|---|---|---|---|---|
| G1 | Pearson Correlation | 1 | −0.757 ** | 0.133 |
| | Sig.（2-tailed） | 0. | 0.000 | 0.258 |
| | N | 74 | 74 | 74 |
| G2 | Pearson Correlation | −0.757 ** | 1 | −0.111 |
| | Sig.（2-tailed） | 0.000 | 0.000 | 0.345 |
| | N | 74 | 74 | 74 |
| G3 | Pearson Correlation | 0.133 | −0.111 | 1 |
| | Sig.（2-tailed） | 0.258 | 0.345 | 0. |
| | N | 74 | 74 | 74 |

** Correlation is significant at the 0.01 level（2-tailed）.

根据表 5－6，控股股东持股比例与股权制衡之间存在相关性。我们采用 Backward 法剔除不显著的自变量以及避免多重共线性进行 Logistic 回归（在 0.05 水平进入变量，在 0.10 水平剔除变量），得到结果，见表 5－7、表 5－8、表 5－9：

表 5－7　　　　　　　　Model Summary

| Step | −2Log likelihood | Cox & Snell R Square | Nagelkerke R Square |
|---|---|---|---|
| 1 | 81.669 | 0.210 | 0.284 |
| 2 | 81.671 | 0.210 | 0.284 |

表 5 - 8            Classification Table[a]

| Observed | | | Predicted | | |
|---|---|---|---|---|---|
| | | | 异化 | | Percentage |
| | | | 0. 00 | 1. 00 | Correct |
| Step 1 | 异化 | 0. 00 | 39 | 6 | 86. 7 |
| | | 1. 00 | 11 | 18 | 62. 1 |
| | Overall Percentage | | | | 77. 0 |
| Step 2 | 异化 | 0. 00 | 39 | 6 | 86. 7 |
| | | 1. 00 | 11 | 18 | 62. 1 |
| | Overall Percentage | | | | 77. 0 |

a. The cut value is 0. 500.

表 5 - 9            Variables in the Equation

| | | B | S. E. | Wald | df | Sig. | Exp( B) |
|---|---|---|---|---|---|---|---|
| Step | G1 | 6. 483 | 3. 175 | 4. 168 | 1 | 0. 41 | 653. 658 |
| 1[a] | G4 | 1. 274 | 0. 570 | 4. 998 | 1 | 0. 025 | 3. 576 |
| | G3 | -0. 031 | 0. 709 | 0. 002 | 1 | 0. 965 | 0. 969 |
| | Constant | -2. 984 | 1. 567 | 3. 626 | 1 | 0. 057 | 0. 051 |
| Step | G1 | 6. 583 | 2. 198 | 8. 968 | 1 | 0. 003 | 722. 928 |
| 2[a] | G4 | 1. 274 | 0. 570 | 4. 998 | 1 | 0. 025 | 3. 576 |
| | Constant | -3. 043 | 0. 818 | 13. 851 | 1 | 0. 000 | 0. 048 |

a. Variable (s) entered on step 1: G1, G4, G3.

Logistic 模型选择了两个变量，包括控股股东持股比例和董事长（或副董事长）与总经理两职合一两个公司治理指标。

从表 5 - 8 来看，会计行为异化公司被正确判别率为 62. 1%，未被处罚公司正确判别率为 86. 7%。控股股东持股比例和董事长（副董事长）与总经理两职合一两个指标均通过显著性检验，但 Cox & Snell $R^2$ 和 Nagelkerke $R^2$ 的值较小。

（2）财务指标与会计行为异化的关系实证分析

首先对财务指标进行显著性检验，见表5-10：

表5-10　　　　　　财务指标变量的均值T检验

| 变量 | 是否异化 | 样本数 | 均值 | 标准差 | 均值T检验 | |
|---|---|---|---|---|---|---|
| | | | | | T | Sig. (2tailed) |
| $X_1$ | 1 | 29 | 22. 208 317 | 15. 565 178 | -0.028 | 0.977 |
| | 0 | 45 | 22. 301 773 | 10. 578 457 | | |
| $X_2$ | 1 | 29 | 22. 075 341 | 98. 090 904 | -0.728 | 0.469 |
| | 0 | 45 | 135. 914 456 | 835. 964 515 | | |
| $X_3$ | 1 | 29 | 0. 201 579 | 0. 124 072 | -0.707 | 0.482 |
| | 0 | 45 | 0. 228 740 | 0. 181 075 | | |
| $X_4$ | 1 | 29 | 0. 292 510 | 0. 329 011 | 2.790 | 0.009 |
| | 0 | 45 | 0. 116 329 | 0. 107 085 | | |
| $X_5$ | 1 | 29 | 28. 025 445 | 19. 452 882 | 3.007 | 0.005 |
| | 0 | 45 | 16. 726 791 | 6. 932 763 | | |
| $X_6$ | 1 | 29 | 0. 015 417 | 0. 035 160 | 0.309 | 0.758 |
| | 0 | 45 | 0. 013 131 | 0. 028 190 | | |
| $X_7$ | 1 | 29 | 3. 559 859 | 3. 444 938 | -0.931 | 0.355 |
| | 0 | 45 | 6. 263 256 | 15. 353 132 | | |
| $X_8$ | 1 | 29 | 0. 859 807 | 0. 133 811 | -0.688 | 0.493 |
| | 0 | 45 | 0. 885 053 | 0. 165 589 | | |
| $X_9$ | 1 | 29 | 0. 844 238 | 0. 243 911 | -0.662 | 0.510 |
| | 0 | 45 | 0. 877 049 | 0. 181 506 | | |
| $X_{10}$ | 1 | 29 | 0. 286 538 | 0. 140 169 | 0.027 | 0.979 |
| | 0 | 45 | 0. 285 729 | 0. 116 674 | | |
| $X_{11}$ | 1 | 29 | 0. 021 910 | 0. 035 337 | 0.280 | 0.780 |
| | 0 | 45 | 0. 019 787 | 0. 029 472 | | |

| 变量 | 是否异化 | 样本数 | 均值 | 标准差 | 均值 T 检验 | |
|---|---|---|---|---|---|---|
| | | | | | T | Sig. (2tailed) |
| $X_{12}$ | 1 | 29 | 0.223 297 | 0.339 006 | -0.677 | 0.501 |
| | 0 | 45 | 0.554 289 | 2.613 742 | | |
| $X_{13}$ | 1 | 29 | 0.759 483 | 1.392 034 | 1.375 | 0.173 |
| | 0 | 45 | 0.379 660 | 0.983 723 | | |
| $X_{14}$ | 1 | 29 | -2.843 000 | 14.875 202 | -2.343 | 0.026 |
| | 0 | 45 | 3.722 649 | 3.160 385 | | |
| $X_{15}$ | 1 | 29 | 0.007 524 | 0.623 930 | -2.936 | 0.004 |
| | 0 | 45 | 0.353 700 | 0.391 563 | | |

　　从表5－10可以发现，T检验表明被处罚公司与未被处罚公司在期间费用占主营业务收入的比重、其他应收款占流动资产的比重、资产利润率、每股现金流量四个指标上表现为显著不同，其中，被处罚公司的其他应收款占流动资产的比重、期间费用占主营业务收入的比重明显高于未被处罚公司，被处罚公司的资产利润率、每股现金流量明显低于未被处罚公司。

　　其他应收款占流动资产的比重，在一定程度上能够体现上市公司操纵关联交易的状况[162]，同时控股股东占用上市公司资金，也会导致其他应收款在流动资产中占的比重偏高。被处罚公司的其他应收款占流动资产的比重明显高于未被处罚公司，表明被处罚公司可能通过关联交易操纵利润或控股股东占用资金等导致。

　　期间费用占主营业务收入的比重和资产利润率能够体现一个公司的盈利能力，被处罚公司的期间费用占主营业务收入的比重偏高，而资产利润率偏低，表明其盈利能力下降。

　　每股现金流量表明了公司经营活动给企业带来的现金流，

企业通过签发虚假的合同能够创造出利润，但创造不出现金流量。上市公司通过关联交易操纵利润，往往导致有利润而没有现金流入的情况。被处罚公司的每股现金流量明显低于未被处罚公司，表明公司可能存在虚增利润等情形。

这四个指标可用于识别会计行为异化的发生，但这四个指标可能存在相关性，对其进行相关性检验（见表5－11）：

表5－11                         Correlations

| | | X4 | X5 | X14 | X15 |
|---|---|---|---|---|---|
| X4 | Pearson Correlation | 1 | 0.313** | -0.443 | -0.118 |
| | Sig. (2-tailed) | 0.000 | 0.007 | 0.000 | 0.315 |
| | N | 74 | 74 | 74 | 74 |
| X5 | Pearson Correlation | 0.313** | 1 | -0.671** | -0.111 |
| | Sig. (2-tailed) | 0.007 | 0.000 | 0.000 | 0.349 |
| | N | 74 | 74 | 74 | 74 |
| X14 | Pearson Correlation | -0.443** | -0.671** | 1 | 0.226 |
| | Sig. (2-tailed) | 0.000 | 0.000 | 0.000 | 0.052 |
| | N | 74 | 74 | 74 | 74 |
| X15 | Pearson Correlation | -0.118 | -0.111 | 0.226 | 1 |
| | Sig. (2-tailed) | 0.315 | 0.349 | 0.052 | 0.000 |
| | N | 74 | 74 | 74 | 74 |

** Correlation is significant at the 0.01 level (2-tailed).

根据表5－11，期间费用与主营业务收入之比与资产利润率之间存在相关性。我们采用向后消元法（Backward）剔除不显著的自变量以及消除多重共线性进行Logistic回归（在0.05水平进入变量，在0.10水平剔除变量），得到结果如下（见表5－12、表5－13、表5－14）：

表 5 - 12　　　　　　　　　Model Summary

| Step | -2Log likelihood | Cox & Snell R Square | Nagelkerke R Square |
|------|------------------|----------------------|---------------------|
| 1 | 72. 379 | 0. 303 | 0. 411 |
| 2 | 72. 380 | 0. 303 | 0. 411 |

表 5 - 13　　　　　　　　Classification Table[a]

| | | | Predicted | | |
|---|---|---|---|---|---|
| Observed | | | 异化 | | Percentage Correct |
| | | | 0. 00 | 1. 00 | |
| Step 1 | 异化 | 0. 00 | 42 | 3 | 93. 3 |
| | | 1. 00 | 11 | 18 | 62. 1 |
| | Overall Percentage | | | | 81. 1 |
| Step 2 | 异化 | 0. 00 | 42 | 3 | 93. 3 |
| | | 1. 00 | 11 | 18 | 62. 1 |
| | Overall Percentage | | | | 81. 1 |

a. The cut value is 0. 500.

表 5 - 14　　　　　　Variables in the Equation

| | | B | S. E. | Wald | df | Sig. | Exp( B) |
|---|---|---|---|---|---|---|---|
| Step 1[a] | X4 | 4. 713 | 2. 199 | 4. 593 | 1 | 0. 032 | 111. 420 |
| | X5 | 0. 064 | 0. 031 | 4. 244 | 1 | 0. 039 | 1. 066 |
| | X14 | -0. 002 | 0. 077 | 0. 001 | 1 | 0. 980 | 0. 998 |
| | X15 | -1. 578 | 0. 756 | 4. 355 | 1 | 0. 037 | 0. 206 |
| | Constant | -2. 267 | 0. 953 | 5. 657 | 1 | 0. 017 | 0. 104 |
| Step 2[a] | X4 | 4. 736 | 2. 010 | 5. 553 | 1 | 0. 018 | 113. 939 |
| | X5 | 0. 064 | 0. 028 | 5. 150 | 1 | 0. 023 | 1. 066 |
| | X15 | -1. 579 | 0. 753 | 4. 400 | 1 | 0. 036 | 0. 206 |
| | Constant | -2. 282 | 0. 733 | 9. 690 | 1 | 0. 002 | 0. 102 |

a. Variable (s) entered on step 1：G1，G4，G3.

Logistic 模型选择了三个变量，包括其他应收款占流动资产的比重、期间费用占主营业务收入的比重和每股现金流量三个财务指标。

从表 5 - 13 来看，会计行为异化公司被正确判别率为 62.1%，未被处罚公司正确判别率为 93.3%。其他应收款占流动资产的比重、期间费用占主营业务收入的比重和每股现金流量三个指标均通过显著性检验，但 Cox & Snell $R^2$ 和 Nagelkerke $R^2$ 的值较小。

（3）基于公司治理和财务指标的控股股东会计行为异化识别模型

构建会计行为异化的识别模型在于利用上市公司公开的一些公司治理因素、财务指标等识别哪些公司可能存在会计行为异化，以便帮助投资者进行正确的投资决策，保护其利益不被侵害。基于公司治理因素的会计行为异化识别模型预测准确率为 77%，基于财务指标的会计行为异化识别模型的预测准确率为 81.1%，在此基础上，我们在构建基于公司治理和财务指标因素的识别模型。

在公司治理方面，有控股股东持股比例和董事长（副董事长）与总经理两职合一两个具有统计显著性的指标；在财务指标方面，因为其他应收款占流动资产的比重、期间费用占主营业务收入的比重和每股现金流量三个具有统计显著性，因此，采用全部入选法进行 Logistic 回归（见表 5 - 15、表 5 - 16、表 5 - 17）。

表 5 - 15    Model Summary

| Step | − 2Log likelihood | Cox & Snell R Square | Nagelkerke R Square |
|---|---|---|---|
| 1 | 58. 042 | 0. 426 | 0. 577 |

表 5 - 16    Classification Table[a]

| Observed | | | Predicted | | |
|---|---|---|---|---|---|
| | | | 异化 | | Percentage Correct |
| | | | 0. 00 | 1. 00 | |
| Step 1 | 异化 | 0. 00 | 42 | 3 | 93. 3 |
| | | 1. 00 | 9 | 20 | 69. 0 |
| | Overall Percentage | | | | 83. 8 |

a. The cut value is 0. 500.

表 5 - 17    Variables in the Equation

| | | B | S. E. | Wald | df | Sig. | Exp( B) |
|---|---|---|---|---|---|---|---|
| Step | X4 | 5. 363 | 2. 092 | 6. 574 | 1 | 0. 010 | 213. 290 |
| 1[a] | X5 | 0. 076 | 0. 035 | 4. 859 | 1 | 0. 028 | 1. 079 |
| | X15 | -1. 346 | 0. 969 | 1. 928 | 1 | 0. 165 | 0. 260 |
| | G1 | 9. 250 | 3. 293 | 7. 890 | 1 | 0. 005 | 10 401. 26 |
| | G4 | 1. 075 | 0. 709 | 2. 304 | 1 | 0. 129 | 2. 931 |
| | Constant | -6. 059 | 1. 657 | 13. 373 | 1 | 0. 000 | 0. 002 |

a. Variable (s) entered on step 1: G1, G4, G3.

从表 5 - 16 来看，会计行为异化公司被正确判别率为 69%，未被处罚公司正确判别率为 93.3%，总体的预测准确率为 83.8%，− 2Log likelihood 的值为 58.042，该值较小，表明模型的拟和优度较高，Cox & Snell $R^2$ 和 Nagelkerke $R^2$ 的值较公司治理因素识别模型和财务指标识别模型有所提高，优于单纯的公司治理模型和财务指标模型。

建立基于公司治理和财务指标的控股股东会计行为异化识别模型：

$$Logit(p) = -6.059 + 5.363X_4 + 0.076X_5 - 1.346X_{15} + 9.250G_1 + 1.075G_4 \qquad (5-3)$$

其中，$X_4$ 代表其他应收款占流动资产的比重，$X_5$ 代表期间费用与主营业务收入之比，$X_{15}$ 代表每股现金流量，$G_1$ 代表控股股东持股比例，$G_4$ 代表董事长（副董事长）与总经理两职合一。

从模型可以看出，其他应收款占流动资产的比重与会计行为异化的发生正相关，期间费用与主营业务收入之比与会计行为异化的发生正相关，每股现金流量与会计行为异化的发生负相关。其他应收款占流动资产的比例大，说明企业与关联方可能存在比较密切的联系，利用关联交易调整利润或控股股东可能占用了上市公司资金的可能性较大。期间费用与主营业务收入之比与会计行为异化的发生负相关，表明被处罚公司通过少转成本或低估费用的方式仍然使该指标高于未被处罚公司，但系数较小，表明其盈利能力下降，这与资产利润率指标具有统计显著性，以及 29 家被处罚公司中，其中 4 家公司先后退市，22 家自身为 ST 或先后被 ST 一致。被处罚公司通过会计行为异化的方式掩盖财务状况恶化等事实，但每股现金流量指标不易操纵，即使虚增也比较容易查出，所以，我们可以看到，虽然被处罚公司通过操纵利润使盈利指标等与未被处罚公司持平，但被处罚公司由于财务状况恶化等使其每股现金流量明显低于未被处罚公司，与会计行为异化的发生负相关。

控股股东持股比例和董事长（副董事长）与总经理两职合一与会计行为异化的发生正相关，从而验证了假设 1 和假设 4。但流通股比例、董事会规模、独立董事比例、监事会比例以及独立董事和监事是否从公司领取报酬未通过检验，这也说明，在目前的情况下，我国小股东行使权利的积极性不强，独立董事、监事在董事会中没有起到应有的作用。我国虽然从法律上确定了监事会的内部监控职能，监事会可以行使检查公司的财务等职权，但没有罢免董事的权利，缺乏足够的制约董事会行为的手段。实践中，监事会成员大多数由公司内部人员担任，在行政上受制于董事会或经理层，缺乏独立性，因此监事会的监督权通常流于形式。由于独立董事、监事基本上都从公司或控股股东处领取薪酬，所以这两个指标与会计行为异化的发生没有通过显著性检验。

基于公司治理因素和财务指标的会计行为异化识别模型以0.5为判别临界值，其值大于0.5时，判别为会计行为异化企业；当其值小于0.5时，判别为会计行为未异化企业。若其值恰好等于0.5，则说明有关信息不够明朗，处于灰色地带。

基于所建立的控股股东会计行为异化模型，我们选择了被证监会处罚的天目药业，同时选择了在同一年度所属同行业的未被处罚公司作为对比样本对该模型进行检验，将天目药业公司的有关指标带入会计行为异化识别模型，计算其值为1.882，大于0.5，表明该公司发生会计行为异化的可能性极大，天目药业也正因为其控股股东占用资金未及时披露而受到证监会处罚；与其同一年度未被处罚的通化东宝公司其值为 -0.040 5，西南药业其值为 -1.265 2，南京医药其值为 -4.254 3，均小于0.5，表明其发生会计行为异化的可能性较小。

## 5.3 结论与局限性

### 5.3.1 研究结论

公司治理与控股股东会计行为异化密切相关，会计行为异化最终体现在财务指标上，所以，我们对公司治理和财务指标与会计行为异化的关系进行了实证研究。首先，对选择的 9 个公司治理指标和 15 个财务指标进行均值的 T 检验，发现被处罚公司的控股股东持股比例、股权制衡度和两职合一这三个公司治理指标与期间费用占主营业务收入的比重、其他应收款与流动资产的比例、资产利润率和每股现金流量四个财务指标与未被处罚公司存在显著性差异；然后分别将公司治理指标、财务指标以及包含这两类指标的数据进行 Logistic 回归，得到三个用以识别控股股东会计行为异化的模型，其中既包含公司治理指标，又包含财务指标的回归模型拟合度最优，预测准确率达到了 83.8%。由此可见，通过控股股东持股比例、两职合一、期间费用占主营业务收入的比重、其他应收款与流动资产的比重和每股现金流量五个指标可有效识别控股股东会计行为异化。这个模型可以帮助我们识别一个公司是否存在会计行为异化的可能，但要断定一个公司是否发生了会计行为异化的情形，还需要进一步地收集证据来证实。

### 5.3.2 研究局限

虽然实证研究为我们提供了识别上市公司会计行为异化的模型，但存在以下一些局限：

（1）样本规模的有限性

由于本书选取的是 2004 年至 2009 年 5 月被证监会处罚（不包含未及时披露等而受到处罚的公司）且舞弊年度始于 2001 年的公司，按照本实证研究的设计标准，本章一共只筛选出适合本研究的 29 家公司样本，样本规模较小，这样可能影响模型的有效性。

（2）样本选择的局限性

本章是以目前没有受到处罚的公司作为未发生会计行为异

化公司与已知的发生会计行为异化公司进行配对，但目前没有受到处罚并不意味着就没有发生会计行为异化，也不意味着其财务报告就是真实的，可能有些公司存在会计行为异化的情况，只是尚未被查出，而本章将其作为了未被处罚公司的配对公司，那么就会使统计检验结论受到质疑。

（3）我国上市公司会计行为异化的现实因素

由于我国的一些上市公司是通过虚增经济业务造假，这样，从凭证到账簿再到报表，通过这一系列的假账真做，不仅美化了财务指标，而且还没有破坏财务指标之间的钩稽关系，从而影响模型的识别效果。

所以，要真正识别控股股东的会计行为异化行为，除了根据财务指标的钩稽关系来分析发现其中的预警信号外，还要依靠其他非财务信息来更有效地寻找预警信号。

# 本章小结

本章根据中国证监会的处罚公告以及相关资料，以受到证监会处罚的公司和未被处罚的公司作为研究样本，对有关数据进行了描述性分析，并建立了基于公司治理和财务指标的控股股东会计行为异化的识别模型，并对预测结果进行了检验，预测准确率为83.8%，将有助于会计信息使用者做出正确的判断。

# 6  控股股东会计行为
## 异化的控制

　　行为科学认为，某种行为的发生一方面要有其发生的动机，另一方面还要有其发生的可能性。控股股东在企业中有自己的利益要求，通过控制经营者实现操纵会计行为过程，而会计行为过程直接影响赖以分配利益的会计信息的生成。虽然公司治理机制和会计管制机构能有效降低会计行为异化的可能性，但从目前我国情况来看，公司治理的制衡机制和会计管制机构的职能还未完全发挥作用。

　　会计行为异化的发生总是多种因素共同作用的结果，哪怕会计行为过程中一个极小的漏洞都会给会计行为主体以可乘之机，因此，不能够单纯强调或倚重某一个环节，其防范与治理也应当从多方面入手，运用系统的综合的手段。一个好的激励机制，只能解决委托代理关系下"道德风险"的一部分，即防止了"偷懒行为"，而针对"机会主义行为"，还必须有一个好的约束机制，在激励机制与约束机制共同作用下，才可能减少会计行为异化的发生（如图6-1所示）。

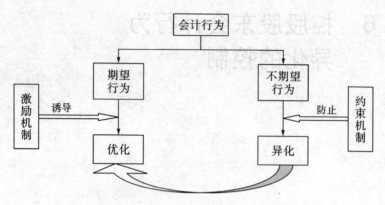

图 6 - 1　控制控股股东会计行为异化发生的激励约束模型

# 6.1　建立相互制衡的股权结构

一般认为，合理的股权结构是企业价值最大化的一个最重要的方法。许多公司治理的研究者均认为，过于集中的股权结构并非一种有效的机制，其原因是控股股东可利用其控制权以谋求自身利益的最大化。

在我国，股权结构相对集中，控股股东出于保护自身权益及对自身利益最大化的追求，有着强烈动机参与公司的经营管理活动，在公司治理中扮演着重要角色。控股股东通过与经营者的合谋演变为实质上的会计行为主体。在公司治理中，如果没有形成有效的股权制衡机制约束控股股东的权力，基于利益侵占动机，控股股东操纵会计信息的生成以掠夺小股东利益的行为就难以避免。

有效约束一种权力过度使用的方法是用另一种权力对其制衡。股权制衡是指通过各大股东股权的相互牵制，使得控股股东不能单独控制企业的决策，以形成股东间的相互监督，抑制内部人利益侵占的股权安排模式。通过股权制衡形成大股东之间的股权相互牵制，使得控股股东的控制权存在有被其他大股东夺取的威胁，这样，大股东相互监督形成的股权制衡才能有效地约束控股股东的滥用权力，也有助于保护小股东的利益免受侵占。

近年来，国外理论界对股权制衡在抑制内部人掠夺方面的独特作用进行了一些研究。本内森（Bennedsen）和沃尔芬森（Wolfenzon）[163]提出，在对投资者保护不完善的情形下，通过由少数几个大股东分享控制权，使得任何一个大股东都无法单独控制企业的决策，则可以起到限制大股东利用控制权实施掠夺行为的作用。由于不存在一个占明显优势的控股股东，公司的主要行动需要由这几个大股东一致同意，这些大股东所共同持有的足够大的现金流量权力足以限制他们对剩余小股东进行掠夺的激励，并使其选择通过更有效率的经营措施获得更多的利润与所有股东共同分享，从而达到限制对剩余的小股东进行利益侵占的行为。通过实证研究我们也发现，发生会计行为异化公司的股权制衡度明显低于未被处罚公司，而控股股东持股比例则明显高于未被处罚公司。

在资本多数决原则下，单个分散的小股东所拥有的股权比例较低，在公司治理上或者选择"搭便车"或者采取"用脚投票"的方式，不可能均衡大股东间的股权以形成对大股东权力的制衡。因此，通过整合小股东的股权，将所有小股东视同一个整体，将其表决权委托给能够代表自己利益的股东，建立股东间的股权全权委托投票机制，以形成对大股东股权的制衡。大股东出于争夺控制权的需要，会积极争取小股东的股权，以获得公司的控制权，从而使得大股东之间控制权的争夺转变为大股东对小股东表决权的争取。因为只有争取到大多数小股东的表决权的大股东，才能获得股东大会上的决策权。而要实现这个目的，大股东必须维护小股东的利益，才能通过吸收小股东的股权以扩大自己在股东大会上的表决权，实现控制企业的目的。这样，在大股东之间就形成一种竞争，谁能获得小股东的股权，谁就有可能控制企业，因此，只有大股东切实履行了对小股东权益的维护，才会获得小股东的表决权。对小股东表决权的争夺，在大股东之间形成股权制衡，推动大股东以股东利益最大化为己任。这种股权委托投票机制不仅避免了小股东的"搭便车"行为，促使小股东积极参与公司治理，而且对小股东表决权的争取，使大股东主动地将自身的利益与小股东的利益联系在一起。通过整合小股东的股权，在大股东间形成股权相互制衡的机制来规制大股东利用控制权侵占小股东利益的行为，可以较为有效地维护小股东的权益[164]。

股权制衡使得各大股东有能力、也有动力从根本上抑制控股股东的权利，形成互相监督的态势。我们国家的股权分置改革，使代表不同利益主体的若干个法人或自然人股东跻身于大股东的行列，有利于形成相互制衡的股权结构。同时应积极发展机构投资者，引导基金、保险、养老金机构持股。在公司治理准则、上市首发、增发和配股过程提出股权制衡的思路，通过一系列的改革，引导上市公司中第一大股东降低持股比例，通过相互制衡的股权结构以达到约束控股股东权力，使其在公司治理中不能操纵会计行为过程，以保证会计信息的质量。

## 6.2 理顺董事会和监事会的关系

### 6.2.1 董事会和监事会的关系

由于股权的集中，控股股东与小股东代理问题的出现，小股东们期待公司的董事会及经理层能够以股东利益最大化为目标而尽职尽责地工作，但往往事与愿违。对于小股东来讲，由于所持股份比例较小，在权衡监督的收益与成本后，往往采取"搭便车"的行为，如果能够通过法律的规定，赋予特定的机关履行对控股股东和经营者的监督职能，有利于保障他们的利益不受侵害。为了维护全体股东的利益，需要法律以权威性对此做出规定，因为"法律制度是社会理想与社会现实这两者的协调者"[165]。

董事会和监事会都由股东大会选举产生，董事会是公司的决策机构，而监事会是公司的监督机构，股东大会基于信任委托授权董事会，但控股股东依托较多的持股比例，控制了董事会的人员构成。而监事会的设置，是为了维护股东利益，保证董事会能够正确地履行职责，而不是充当控股股东利益侵占的工具。监事会受股东大会委托行使监督权，监督董事会对公司业务的决策执行情况。董事会与监事会的关系是平行对等的，是公司治理权力分配与制约的结果。董事会与监事会实际上是对立统一关系，一方面两者的权力相互独立，彼此制约；另一方面两者又必须紧密配合才能更好地履行各自的职能。监事会对生产经营过程中董事会和经营者的行为进行监督，但无权参与公司的管理活动。为保证监事的独立性，我国《公司法》规定，公司董事不得兼任监事。在董事会中，独立董事同样具有监督职能，如何处理好上市公司监事会与独立董事的关系是保证公司治理机制发挥作用的一个很重要的方面。

### 6.2.2 独立董事和监事会制度职能的重叠及其冲突

独立董事制度源自于英美，而我国独立董事制度的产生和发展具有与发达市场国家不同的初始状态和约束条件，实施独立董事制度的原动力并不是来自于市场、公司、投资者或股东本身，而是我国企业制度革命的伴生物，所以独立董事制度在我国就存在适应性问题、本土化问题。任何一项制度的引入，都不能简单移植，制度设计的粗糙与法规的模糊性是新制度推广的根本障碍。后发性和外生性本来就要求在吸取他方的经验和教训的基础上再加以改良，做到适合本国国情的基本要求，独立董事制度的引进也不例外。

"独立董事"源于"外部董事"。在英美法系国家，公司治理是一元治理结构，不设监事会，只设董事会，监督权由董事会内部下设的专业委员会来行使，因此，董事会的监督职能是董事会最重要的职能。布莱恩·R.柴芬斯[166]416－427在《公司法：理论、结构和运作》中认为，董事会作为"检查人"，要求董事能够客观、公正地评价管理层的表现。内部董事由于兼任管理职务，自己对自己进行评价不符合权力制衡要求，难以做到客观公正。而独立董事由于不在公司内部任职，对管理层的评价可能更加客观，独立董事在监督方面起着至关重要的作用。

在大陆法系国家，公司治理是二元制结构，既设董事会，又设监事会，监督权由监事会执行，因此，通常没有董事会内部监督职能的规定。《日本商法典》、我国2006年以前的《公司法》，对董事会权力的规定都没有设立监督权。但是，在我国公司治理的实践中，监事会通常不起作用，因此，在董事会内部设立独立董事并且赋予其监督职能，已是大势所趋[167]。中国证监会《关于在上市公司建立独立董事制度的指导意见》和《上市公司治理准则》中，规定了独立董事的监督权。我国引进独立董事制度的目的也是发挥独立董事的监督作用。由于我国上市公司股权结构高度集中，董事会一般受控股股东所左右，代表大股东的内部董事不能受到有效制约，独立董事的引入有利于在一定程度上制衡内部董事。独立董事可以抗衡董事会大权独揽，防止控股股东与经营者的合谋，进行财务造假、违规关联交易等行为，从而保护小股东的利益。

一般来讲，采用独立董事制度的国家，首先将独立董事的职能定位在监督职能和对中小股东以及社会公共利益的维护上。独立董事的监督职能产生在没有设立监事会的英美法系国家，它对公司内部董事、经理和公司相关事宜的监督，弥补了公司治理中监督机构缺乏的缺陷，从而也有利于其他职能的发挥，在公司治理中发挥了重要作用。克莱因（Klein）[168]的研究表明独立董事在抑制上市公司盈余管理时起着积极作用。另外，CO-SO[169]发现舞弊公司董事会中外部董事远少于非舞弊公司。魏斯巴赫（Weisbach）[170]发现独立董事占董事会比例大于60%的公司，独立董事在监管经营者业绩和大股东关联交易上不遗余力。

美国是一个以外部治理机制为主的国家，自独立董事制度问世以来，其良好的监督与平衡作用被西方企业所认同。美国上市公司聘请的独立董事在教育背景、经验资历及时间等方面特别强调需要有企业财务专家或商业财务管理和咨询的阅历，独立董事制度在保护外部投资者权益中起到了关键性作用。但是21世纪以来，美国独立董事的"独立性"仍日益遭到质疑，例如美国25%的独立董事是所任职公司的顾问或律师，或者为所任职公司提供经纪和投资银行业务，赚取大量的咨询费和其他收入。以安然为例，其独立董事从任职单位接受高额年薪，如2000年为7.9万美元；与此同时，独立董事还与安然有直接的生意往来，或与安然做咨询业务，或仰仗安然的捐助，所以安然一些不合法的关联交易或者虚假的财务报表，在董事会都得以通过[171]。安然、世界通信公司的崩溃，暴露了美国公司监督机制中存在的缺陷，使得公司治理问题再次成为人们关注的焦点。

在我国，上市公司的主要问题是控股股东及其派入上市公司的内部董事、经营管理人员的违规违法行为，如果独立董事能够对这部分人实行有效的监督制约，使控股股东在上市公司中的利益只能通过上市公司的价值提升和利润分配来实现，就可以使控股股东与公司利益和其他股东的利益联系在一起。我国设立独立董事的初衷是对控股股东及其操纵的内部董事、经营者进行监督，以避免控股股东通过不正当的关联交易等侵占小股东的利益，但目前我国的独立董事在独立性及法律保证上存在一系列的问题亟须改进。

（1）独立董事的独立性难以保证

独立性是独立董事制度的核心与灵魂，独立性应包括：身份独立、利益独立、社会经济关系独立，而我国的独立董事制度在独立性方面都存在着一些问题。

独立董事要切实履行其监督职能，在身份上必须独立于大股东、经营者和公司的利益相关者。为保证独立董事的身份独立性，在《指导意见》中明确规定了独立董事的任职资格和任职条件，详尽地规定了哪些人员不得担任独立董事，但与其他国家的独立性条款相比，相对比较宽松，在独立董事独立性方面的要求较低。其中保证独立董事独立性的排他性规定并没有把"人情"独立董事以及与企业有重大交易关系的人员排除在外，如果由这些人担任独立董事，就很难保证独立董事的独立性。

独立董事的利益独立既包括经济利益，也包括其他非经济利益。独立董事的利益如果不独立，其独立性势必受到削弱。在《指导意见》中，对独立董事薪酬的规定是，独立董事可以从上市公司领取一定数额的津贴，但津贴的标准由董事会制订，经股东大会审议通过，并通过年报披露。由此可见，独立董事的报酬实际上决定于由控股股东操纵的董事会，从而使得独立董事不能有效约束控股股东的行为，甚至有可能与控股股东合谋损害小股东的利益。再有对于独立董事的产生，《指导意见》

虽然规定"上市公司董事会、监事会、单独或者合并持有上市公司已发行股份1%以上的股东可以提出独立董事候选人，并经股东大会选举决定"，但鉴于我国的实际情况，股权较集中，董事会、监事会基本上是由控股股东控制。实质上，独立董事人选的确定仍由控股股东掌握，致使独立董事的利益难以独立。虽然允许合并持股达1%的股东提出候选人，并在股东大会上允许引入累积投票权，有利于小股东选出自己的候选人，但其所提出的候选人在数量上难以与大股东相抗衡，实质上也还是难以达到保护小股东利益的目的。无论在股东大会，还是在董事会和监事会，控股股东都无疑处于优势地位，控股股东及其代理人完全可以把自己的独立董事候选人当选为独立董事，客观上把公司对独立董事的选任合法转化为控股股东对独立董事的选任。我们的实证研究也发现，独立董事的规模、薪酬在被证监会处罚公司和未被处罚公司没有显著性差别，表明我国的独立董事制度并没有发挥应有的作用。

独立董事制度本身是一件"舶来品"，能否与我国的文化背景相融合是一个值得关注的问题。在西方，崇尚自由文化，文化对个体存在的集中权力存在不信任，而在我国从来就习惯于集权和专权，忽视制度的监管，排斥监督的体制性因素渗透到社会的方方面面。在独立董事的选聘上，往往是企业高层局限在"熟人"圈里，因而"人情董事"、"花瓶董事"现象普遍存在。最为典型的是郑百文独立董事陆家豪在担任独立董事期间，仅仅审查郑百文董事会办事机构事先打印好的董事会报告、总经理报告，并对这些报告发表赞同意见，而对郑百文在会计报表中虚报经营利润、隐瞒亏损等一无所知。我国上市公司独立董事基本上处于控股股东的控制之下，不具备独立性，远离了当初我国引入独立董事保护中小股东利益的初衷。

（2）独立董事和监事会制度职能的重叠

独立董事与监事会在行使职权时的冲突，很大程度上是由于二元制公司治理模式的固有矛盾造成的。在二元制公司治理模式中，董事会主要行使决策权，监事会行使对董事会的监督权。监事会作为维护股东利益的常设机关，负有监督董事会、董事和经理的职能。在这个常设机关之外，再引入独立董事，虽然有利于形成立体化、多元化的监督网络，但独立董事的职能在多个方面可能与监事会制度发生冲突，甚至会削弱两者功能的发挥。而在一元制公司治理模式中，董事会既履行业务的执行职能，又负有监督业务执行的职能。因公司治理结构中，没有独立的监督部门，为了形成相互制衡的结构，防止董事会与经营者合谋做出有损利益相关者的行为，引入了外部具有独立身份的董事，是一元制公司治理模式的改进。

关于独立董事的职权，中国证监会在《指导意见》中作了规定，对监事会及监事会如何行使职权，《公司法》在第五十四条作了规定。将两者进行比较，可以发现两者在对独立董事与监事会职能上的规定存在着重叠与冲突：

首先，在独立董事和监事的职权规定中，都将对公司财务的监督检查作为核心内容。独立董事有权"向董事会提议聘用或解聘会计师事务所"，"独立聘请外部审计机构或咨询机构"；监事会有权"检查公司的财务"。

其次，在独立董事和监事的职权规定中，都有权对董事、经理在经营过程中的行为进行监督。独立董事可以对企业高级管理人员的聘任和解雇、重大关联交易的合法性和合理性、保护小股东的权益不受侵害方面发表独立意见；而监事会对董事和经理在履行职权过程的违法、违规行为、对董事和经理的行为有损公司利益时，都有权予以制止，以维护公司利益。

最后，独立董事和监事都有权提议召开临时股东大会。

通过对比两者职权的规定，我们可以发现，两者在功能上十分相似。亦即独立董事的职权基本上都可以通过监事会的功能来实现。目前，独立董事在实际运行过程中存在着诸多问题，主要表现在：

①独立董事分身乏术。担任独立董事的通常是一些社会知名人士，包括经济学家、公司的高级管理者等，他们一般都是兼职独立董事，有的还同时在几家任职。正如柴芬斯[166]658教授所讲："一个典型的外部董事不会有时间完全熟悉公司发生的情况，因为他们每个月用在公司事务上的时间可能只有一两天且大部分时间是用在董事会会议或委员会会议上。"在我们国家，一名经济学家同时担任三家甚至五家上市公司独立董事的情形屡见不鲜。

②独立董事缺乏实施监督的充分信息。由于独立董事身兼数职，他们很少直接亲自深入企业了解公司的经营情况，他们发表意见所需信息主要依赖于管理层提供，影响了其独立董事职能的发挥。

③独立董事制度具有较高的运行成本。原则上，公司不向独立董事支付薪酬，但支付一定数量的津贴。对 2004 年聘请独立董事的 270 家上市公司统计发现，聘请独立董事总计 911 人，独立董事领取津贴的有 269 家，其中独立董事津贴在 1 万元以下的只有 3 家，1 万～3 万元之间的有 117 家，3 万～5 万元之间的有 110 家，5 万～10 万元的有 31 家，10 万元以上的有 8 家。在公司担任独立董事，每年只需几天的时间便能得到几万元甚至十几万元的报酬，公司为此承担了高昂的成本但成效甚微[172]。

④独立董事制度缺乏法律保障。为了对董事、经营者的违法、违规行为进行监督以及保护小股东权益的需要，设置了独立董事。在原来的《公司法》和《证券法》中没有关于独立董事的规定，只是《指导意见》和《上市公司治理准则》两个行

政法规中明确要求上市公司应该设立独立董事，以加强监督，缺乏对独立董事监督职能的权威性保证。在 2005 年 10 月修订的《公司法》在第一百二十三条规定"上市公司设立独立董事，具体办法由国务院规定"。并没有具体规定独立董事的权利和义务，而且国务院的具体办法迟迟没有出台，使得独立董事在履行监督职能时缺乏法律依托。并且，《指导意见》虽然规定"上市公司可以建立必要的独立董事责任保险制度，以降低独立董事正常履行职责可能引致的风险"，但可看出，必要的独立董事责任保险制度只是"可以建立"，言外之意，是否建立独立董事责任保险制度完全取决于上市公司的需要，使得独立董事在行使职权时瞻前顾后。独立董事缺乏协会和行业组织，比较分散，因此，独立董事在行使监督职权时需要付出较大的勇气和努力。

我国上市公司由于股权较集中，存在着控股股东和经营者控制的现象，并且独立董事的提名权掌握在他们的手中，使得独立董事在履行监督职能时可能受到控股股东和经营者的排挤，甚至出局。比如，2004 年 6 月 8 日，伊利股份的俞伯伟、王斌等三位独立董事就伊利的国债投资、管理层的家属持有公司股份等为何未公开披露等提出质疑。仅仅过了 8 天，伊利股份就临时召开董事会将三位独立董事解聘。再比如，2003 年 4 月，ST 北科的胡学军、姚彬两位独立董事就中信广州分行、大连星海支行贷款去向不明；1999 年和 2001 年的减值准备计提依据不明；管理层认定的 2001 年年报重大会计差错需要明确原因提出质疑，结果在一个月后的股东大会上便被解聘。由此可见，独立董事因履行监督职能而被排挤出局并非个别事件。因现有独立董事制度缺乏强有力的对独立董事的保护，使得独立董事意见不足以对控股股东和经营者的行为形成有效的约束，导致他们对独立董事的监督行为视若无睹。

在《指导意见》中对独立董事相关的法律责任也只是作了

简单的提及，缺乏比较明确的界定，结果很多法律责任问题难以协调解决。缺乏法律责任界定的结果会令独立董事的作用大受影响。如当独立董事未能履行诚信与勤勉义务，不能履行职责，未能保护中小股东利益不受损害时，独立董事应受到责任追究。遗憾的是，《指导意见》通篇对此只字未提，并且《指导意见》对专业委员会的设置没有强制规定。因此，上市公司可以通过不设立各专业委员会来规避"独立董事应当在委员会成员中占有二分之一以上的比例"的规定。

⑤实际运行效果不理想。最新数据显示，2008年被交易所谴责或被监管机构立案稽查的公司中，95%以上的独立董事并没有及时或者尽早发现问题并提出异议。自从独立董事制度推出8年以来，情况都大致如此。据了解，2001年，证监会发布《指导意见》时就明确指出，"独立董事尤其要关注中小股东的合法权益不受损害。独立董事应不受上市公司主要股东、实际控制人，或者其他与上市公司存在利害关系的单位或个人的影响。"但是，独立董事虽然被小股东寄予厚望，但令人遗憾的是，似乎A股市场中的独立董事从诞生之日起，就被业界形容成"头戴'独立'的光环，却被冠以'花瓶'的帽子"。清华大学中国经济研究中心魏杰教授，曾经是独立董事制度的倡导者，然而正是这位有着"中国独董之父"美誉的经济学家，却在2004年无奈地提前辞去新疆屯河的独立董事职务。对此，魏杰给出的理由是"无法了解和把握公司的真实运行情况"。"我是中国设立独董制度的极力鼓吹者之一，但面对独董的现状，我也很无奈。"魏杰在接受《南京晨报》采访时说，"独董制度是从公司治理结构制度非常健全的美国引进的，其独董可在公司里联合别的股东，对大股东实行节制。但中国因公司治理结构极不完善，基本上都是'一股独大'，独董根本无法遏制大股东。所以，目前中国独董们只有帮企业干'锦上添花'的好事，

不可能去揭露企业的非法勾当。大股东侵占中小投资者利益后，独董们在遭受中小投资者责骂时只有暗自流泪。"魏杰说，"目前，独董制度在我国已走到尽头！我之所以辞去独董，就是为了给全社会提个醒，这个制度目前搞不下去了。"独立董事制度时至今日，显然已经沦为"制度建设"的败笔[172]。

### 6.2.3 监事会制度的完善

公司监事会制度是经过数百年的发展在商事公司制度的基础上逐步发展而来的，是公司治理结构的重要组成部分，是形成相互制衡的治理结构、加强对控股股东和经营者的监督、降低代理成本的必然选择。在我国公司化改制过程中，由于观念、立法、体制等因素的影响，公司监事会的职能没有得到真正的体现，甚至形成了监事会的虚置。

由于独立董事制度在发展过程中未起到应有的作用，而且与监事会之间存在着职权的重叠和冲突，两种制度交叉不仅形成了高昂的摩擦成本，而且阻碍了两者职能的发挥，所以，我们不妨把两者的职能进行合并，建立独立的监事制度，以确保对控股股东的监督职能。

（1）立法上确保监事会的独立性

监事会能否有效地行使监督权、检查权，在很大程度上取决于它是否能够独立地行使监督职权。只有保持监事会的独立性，才能防止监事会被控股股东和经营者所支配和控制。

对监事会人员构成，《公司法》规定："监事会应当包括股东代表和适当比例的公司职工代表，其中职工代表的比例不得低于三分之一，具体比例由公司章程规定。监事会中的职工代表由公司职工通过职工代表大会、职工大会或者其他形式民主选举产生。"可见，对监事会人员的构成，公司法规定得过于简单。针对我国的实际情况，在上市公司中，控股股东基本上控制了董事和经营者的行为，为了避免监事的提名由控股股东或董事会操纵情形的出现，应当采用累积投票制选举监事，按照代表不同股东利益将监事进行分类，规定代表每类股东利益的监事的数量和比例，以保证他们的利益不受侵犯。

在任职资格方面，《公司法》规定，监事不得由董事和高级管理人员兼任，但没有明确规定监事的年龄和兼任情况。这样，董事、高级管理人员的近亲属，或与其有利害关系的人员并未被排除在外，而且还造成许多监事身兼数职。为保证监事能做好财务监督和对管理人员行为的合法性监督等工作，应当规定监事必须具备法律、财务、会计或宏观经济等某一方面专业知识。

在议事机制方面，现有《公司法》并未对公司监事会的议事规则、表决程序做出具体规定，而主要是由公司章程决定。而公司章程通常由控股股东拟定，这样很难保证监事会在程序上的独立性。为了强化监事会的独立运作机制，应该在法律中明确规定监事会的议事机制和表决程序。

（2）完善监事会的职权

权力相当才能达到权力制衡的目的。在控股股东控制的情况下，监事会的权力应与董事会相互制衡，否则将造成监督不力，甚至成为控股股东的附庸。除现有《公司法》规定的监事会职权以外，还应当赋予监事会以下权力：①特定条件下的公司代表权，也可称之为代位诉讼权。当经理或董事侵害了公司利益，需要以公司名义提起诉讼，但董事会拒不起诉时，监事会应该有权代表公司提起诉讼。②我国《公司法》规定了监事会的财务监督权，仅是事后监督权，而没有规定监事会的业务监督权，使得公司的业务监督成为法律上的空白。世界上许多国家的监事会都拥有对公司业务的同意权，包括巨额投资、借款、放贷等重大业务事项、生产部门的设立变更、职工工资福利补贴的重大变动、重大或重要诉讼等。所以，我国立法应当将业务监督权和财务监督权都规定为监事会权力，以强化监事会的职能。③监事候选人提名权。监事会向股东大会推荐监事候选人制度，首见于日本 1993 年修改后的《商法典》。主要是由于日本当时体制下的监事推荐和选任问题上，受到董事会的操纵，以致影响了监事会的独立性。我国目前经济生活中，董事会和经理层操纵监事选举的现象也很严重，因此借鉴日本的这一做法，颇有意义。建立监事候选人由监事会提名、股东大会选任的制度，以排除董事会对监事推荐和选任问题上的干扰，从组织上保持监督权的独立性[173]。

（3）创新监事激励机制

监事会虽然被赋予了监督的权力，但其难以充分运用法律给予的监督权限，使监督变得无力，从而使得控股股东的权力失去约束。在加强监事会人员的选任机制、权力机制的基础上，还应该完善监事的保障激励机制。调整监事报酬的决定权，规定监事的报酬亦应由股东大会决定，这是一种根本的制度保证。我国现行公司法对监事的报酬决定形式未作规定，实践中往往由董事会或经理决定其报酬，很难想象，在监事的报酬决定于董事会或经理的情况下，监事能够做到独立、客观、公正地履行其职责。因此，应改变这种监督者的报酬由被监督者决定的现状，以解监事的后顾之忧。

（4）全面设计监事的义务和责任

我国《公司法》第五十九、六十二、一百零八条规定：监事应当遵守公司章程，忠实履行职务，维护公司利益，不得利用在公司的地位和职权为自己谋取私利；监事不得泄露公司秘密。该规定总体过于笼统，缺乏可操作性，应明确以下两个方面：①监事的义务。首先，应明确其注意义务。为了防止监事行使职权时的懈怠，应当明确规定监事在行使权力时的注意义务。注意义务主要是指监事在行使监督权的过程中，必须以公司利益为行为标准，不得有疏忽大意或重大过失，以适当的方式并合理地履行自己的职责。对于有专业能力的监事在进行本专业事项监督时，要求其尽"特别注意"义务，即一个相等能力专业人员可以注意到的事项，该监事必须注意到；否则，就是怠于行使职权，应追究其责任。其次，明确禁止兼职义务。为了保证监事处于一种超然独立的地位，必须严格要求其与经营管理机关成员不得相互兼职。②对于监事的责任，一方面强化监事个人责任，如果监事违反了注意义务，向股东大会提供虚假监察报告，或明知董事、经理有违法行为而不检举，一经发现应当立即停止监事之职或免职。若给公司造成损失还应进行赔偿，甚至获刑。另一方面，建立董事、监事和经理的连带责任。如果董事或经理的决策或行为已经严重损害了股东利益，而监事会在知情的情况下，并未提出反对意见，甚至包庇董事、经理，由此造成的损失应由监事与董事、经理承担连带责任[174]。

## 6.3　发挥声誉激励在经理人市场形成中的作用

年薪制、股票期权等显性激励方案将企业的经营绩效与经营者的收入挂钩，这些激励制度确实有利于企业和经营者之间的激励和风险分担，降低代理成本。在鼓励经理人积极创新，降低经理人道德风险程度及矫正他们的短视心理方面发挥了重要作用。但显性激励方案所有者承担的激励成本较高，并且企业业绩、股价等相关指数也并不是不可操纵。因此，基于经理人市场的隐性激励就成为一种必要的、有益的补充激励方式。在竞争的经理人市场中，职业经理人以往的经营业绩决定了其未来的价值。从长远来看，经理人必须对自己过去的行为负责，并且经理人市场所存在的这一隐性激励约束机制相当于经理人市场对经理人的报酬评估采取了完全的事后结算方式，隐性激励能有效地约束经理人可能的道德风险行为，对显性激励存在一定的替代性。

两百多年前，亚当·斯密就已经意识到声誉的重要作用，认为声誉是保证契约得以顺利实施的重要机制，只是他的研究还不够成熟，对声誉只做了一些简单的分析与解释，并没有形成完整的框架。在 20 世纪 80 年代初期，对声誉的研究才真正被纳入到现代经济学分析的框架中来，该阶段研究的主要议题是"当前绩效对经理人未来收益的影响，即声誉在经济学中的意义所在"。其中，法马（Fama）的工作起到了奠基作用。他认为即使没有企业内部的激励，迫于经理人市场竞争的压力，经理们为了自己未来职业的发展也会努力工作。克雷普斯（Kreps）、米尔格龙（Milgrom）、罗伯茨（Roberts）、威尔逊（Wilson）等四人最早对声誉效应的激励作用进行研究并建立了博弈模型。奥尔姆斯特罗姆（Holmstrom）及其他人在法马（Fama）思想的基础上，建立了更正规、严谨的代理人——声誉模型。此后，伦德纳和鲁宾斯坦通过重复博弈模型证明，如果委托人和代理人之间的代理关系能够长期维持，并且双方都有足够的耐心（贴现因子足够大），那么帕累托一级最优风险分担和激励是可以实现的[175]。

经理人才市场对经理人员的约束作用主要来自它对经理人员能力的信号显示功能。经理人员的经营业绩被经理人才市场作为反映其能力的证明予以显示，因此，其经营期间的业绩不仅影响到他的当期收益，还会对他将来的重新任职及薪酬水平产生重要影响。当存在一个竞争的经理人市场时，潜在的竞争者对现任经理构成威胁，当其经营业绩欠佳时，有随时被替换的可能，从而促使其努力工作，以提高企业的盈利水平和市场价值，以便在经理人市场上建立良好的声誉。法马（Fama）[88]认为，如果一个企业被看成一组合约，那么企业的所有制就无所谓了，完善的经理市场可以自动约束经理人的行为，并解决所有权和控制权的分离而产生的激励问题。

一般来说，在市场经济条件下，企业经营者为追求自身的长期利益，对自身的职业声誉是非常重视的。然而，在我国从计划经济向市场经济转变的过程中，经营者常常会做出有损投资者和有损于自己与企业形象的事情，其原因可能是多方面的。其中声誉激励不足是一个重要的因素，之所以造成经营者不注重声誉价值的状况，主要是由于我国经理人市场并未很好地发挥其作用，使经营者对声誉的期望值下降。

### 6.3.1 构建能够真实反映经理人人力资本的信息传导机制

经理人市场只有在能够客观反映经理人力资本价值的前提下才能发挥作用，如果一个企业经理人员行为不当，导致其经营业绩下降，那么在经理人市场上，对其声誉的评价会降低，人力资本贬值，直接导致其未来报酬的下降；相反，人力资本升值，其未来报酬相应上升。经理人的声誉是建立在其经营业绩、经营能力的基础上的，是长期累积的结果。如果反映经理人价值的声誉能够与经理人的报酬紧密联系起来，也就是说，经理人以前的经营业绩决定了他本期的报酬水平，本期的经营业绩又直接影响到他以后各期的报酬水平，那么，经理人基于自身利益的考虑，就需要勤奋工作，努力提高经营业绩。法马（Fama）[88]强调经理人的经营业绩只有在经理人市场能够得到客观的评价，这样才能通过经理人市场机制实现对经营者的激励。因此，在声誉能够正确发挥作用的前提下，经理报酬契约与经理市场激励之间存在一定的替代关系。如，声誉在生命周期的早期可能比生命周期的晚期更为有效，贴现和风险规避可能会限制声誉所提供激励的强度等。在经理人市场充分发挥作用的前提下，经理人的人力资本价值能够得到正确的评价，从而企业也能够选择到恰当的经理人，促使经理人重视任职期间的经营业绩及其形成的声誉，努力工作。

经理人市场隐性激励与约束主要来自于其现在或过去的经营业绩，经营业绩是其经营能力的一个重要信号。上市公司虽然有强制性信息披露制度保证定期披露经营者的业绩，但在会计信息失真的情况下，经营业绩未必反映了经理人的真正业绩，况且财务报告亦不能反映经理人的创新能力、开拓能力、职业道德等非财务信息。我国对职业经理人的信誉跟踪、监督体系还不健全，没有起到经理人市场应有的作用，导致经理人缺乏信用与声誉观念，如据对某个省经营者调查显示，国有大中型企业高层经理人员对社会声望满意的占 28.9%，无所谓的占 49.3%，不满意的占 16.4%，也就是说他们对社会声望不太关注。这充分表明我国企业经理人员缺乏职业经理应具有的声誉观念[176]。

为此，需要成立专门的中介机构建立职业经理人的相关档案信息，中介的作用就在于通过它的介入，"记忆"职业经理人的信息，特别是其经营业绩、职业道德和能力倾向方面的信息，并反映到市场中来，从而凸现声誉机制的作用。并采用科学的考核评价方法，以各种考核指标对经理人才进行综合测评，把测评结果记录下来，以客观、全面、连续地反映经理人的业绩。

### 6.3.2 通过声誉机制激励经理人的长远预期

经理人市场的实质是经营者的竞争选聘机制，竞争选聘在于能够选择到真正有能力的候选人担任企业的经理，而这些经理人的能力和努力程度是通过他们长期的工作业绩累积起来的职业声誉。如果经理人的"价格"是通过其报酬反映的话，那么经理人的"质量"则是通过其声誉来体现的。在经理人市场上，经理人的声誉是其长期努力工作，取得良好经营业绩的证明。只有通过经理人长期努力工作的积累，才有可能获得良好的声誉，也才能增加他未来取得较高报酬的砝码。因此，经营者只有通过长期化的努力经营才能建立良好的声誉，也才能在经理人市场上获得良好的发展。

黄群慧、李春琦[176]通过对某省的调查，面对"给予事先约定的奖金数量"、"从利润中提取一定比例的奖金"、"赠予干股"、"赠予购买股票的权利"和"赠予企业股票"等选择，在问及"哪种方式最能激励你的工作热情"时，42.9%的人选择了"从利润中提取一定比例的奖金"，42.5%选择了"给予事先约定的奖金数量"，10.4%选择"赠予企业股票"，3.3%选择"赠予干股"，0.9%选择"赠予购买股票的权利"。但在问及"哪种方式最适合企业的长期发展"时，35.4%选择"赠予企业股票"，比例最大；选择"赠予购买股票的权利"的比例仍最少。这说明在面对最有利于企业的长远发展的激励方式中，企业高层虽然认同赠予股票是最佳方式，但从个人利益出发，经理们还是最愿意选择奖金形式。这说明，经理们不愿意承担股票带来的风险，同时也说明经理们对企业的未来没有信心，不愿意将自己的利益与企业的未来联系在一起。

职业经理人声誉机制的形成和发挥作用必须保证他们的长远预期，因为经理人的声誉只有在长期的企业经营管理活动中才能建立和形成，而且职业经理人必须有长远预期才会关注自己的声誉。只有职业经理人预期到声誉和报酬的博弈不是一次性的，才会重视自己的职业声誉，激励约束自己的行为；相反，如果职业经理人预期到声誉和报酬的博弈是一次性的，对他来讲，更为关注的就是眼前利益，便谈不上职业声誉。因此，应充分发挥声誉机制对经理人的激励约束作用，职业经理人声誉机制是否发挥作用取决于经理人声誉的质量，只有当声誉信息能够准确地反映经理人的信息时，声誉机制才能发挥对经理人行为的激励和约束作用。如果声誉信息不能准确地反映经理人的信息，声誉机制不仅不能起到对经理人的激励和约束作用，反而会导致声誉机制作用的扭曲。职业经理人声誉质量的保障来自于充分的市场竞争，职业经理人的声誉是在长期的市场竞争中获得的，具有良好声誉的职业经理人必须经得起市场竞争的考验，只有经过市场长期考验的职业经理人才能获得良好的声誉。

一个完善的资本市场可以对经理人员形成强大的压力，约束他们努力工作。即使是小股东通过"用脚投票"，也可能促成经营者的更换，但股权的集中充当了经营者的保护伞，使经理人员的行为偏离股东利益最大化目标。在股权集中的情况下，经理人的任命通常由控股股东控制，如果经理人不听从控股股东的支配，可能面临被解雇的风险。这种情况下，也就导致了哈特（Hart）[177]所揭示的：公司经理层不是为了全体股东的利益去追求利润最大化，而是以不惜牺牲中小股东的利益去追求大股东的偏好。

### 6.3.3 构建隐性激励与显性激励相结合的整体性激励机制

经理人的人力资本信息是市场累积功能的结果，经理人的任何不良行为迟早要受到市场的惩罚，所以理性的经理人通常会意识到由于外部竞争的存在，与控股股东合谋侵占小股东的行为将有害于其未来事业的发展，因此，经理人市场的竞争成为显性激励的重要补充。隐性激励和显性激励在实践中是不可分割的。目前，由于我国经理人市场、资本市场、社会法制体系和社会配套制度还有待完善的前提下，显性激励手段是不可或缺的。忽视显性激励手段的作用，过分强调隐性激励手段的作用，同样可能会导致管理效率的下降。一个最优的激励方案应该是隐性激励方案和显性激励方案互为补充，这样，既能使其总的激励效果最大化，同时又有效地节约了委托人的激励成本。只有隐性激励和显性激励机制的合理组合，才能有效地解决经营者的激励问题，打破其与控股股东的合谋，以保证会计信息的质量。

## 6. 4  加强对中小股东的保护

根据拉波尔塔（La Porta）、洛佩斯德－西拉内斯（Lopez－de－Silanes）、施莱佛（Shleifer）和维什尼（Vishny）[84]（LLSV）的分析，在不同法系之间，法律对投资者的保护存在系统差异性。概括地说，对外部投资者的法律保护，不论是对外部股东还是外部债权人，英国法系国家的投资者得到最强的法律保护，而在法国法系国家外部投资者获得的法律保护最弱，德国大陆法系和斯堪的纳维亚法系居于这两者之间。

法律法规要保护小股东的权益，但法律法规有时有悖于小股东的保护。如我国在 2001 年出台的独立董事制度规定，独立董事应该特别关注小股东的权利。但是，提名独立董事最少需要持有 5% 的股份。那么也就意味着拥有较少股权的小股东不可能有提名独立董事的权利。独立董事是由大股东提名的，很难想象，这样产生的独立董事能够为实现保护小股东的目的而努力。总之，从法律条文的比较来看，我国在法律的制定上，对小股东利益保护的条文远远少于英国法系国家，与世界平均水平也有一定差距。因此，如何制定有效的法律来保护小股东的利益免受控股股东和经营者的侵害是急需解决的问题。

小股东权益的保护需要强有力的法律条文，我国很多的法律条文移植于发达国家，但每个国家都有一套受初始条件影响的法律、制度和社会规范，在移植对小股东保护较好的法律制度时，移植的法律、制度要真正发挥作用必须与我国的社会规范、习惯、道德观念相适应，而这比单纯的移植法律制度困难得多。移植的法律与我国已有的法律、制度、规范、习惯等的冲突不可避免，制度的变迁受到路径依赖的影响。皮斯脱（Pistor）[178]根据法律的不完全性理论对法律的移植效应问题进行了研究。一个国家的法律制度如果是移植于另一国家，好的移植效应取决于该法律是否能够符合移入国的习惯、适应移入国的国情，以及移入法律的基本理念是否能够被移入国的人们所理解。皮斯脱（Pistor）的研究还表明，法律制度的移植过程与法律制度相比，在决定法律执行效率问题上起着更为重要的作用。

在对小股东权益的保护问题上，不仅需要明确的法律条文作为依托，而且至关重要的是法律执行的效率。因为法律条文只规定了应该如何保护小股东的权益，但小股东的权益是否能够得到真正的保护是体现在法律的执行效率上的。评价一个国家或地区对小股东的权益保护情况，更多地要根据法律的切实执行情况以及执行效率。

LLSV 将世界各国风险评价机构（ICR）风险评价指引中的六个指标即法治水平、腐败指数、司法系统的效率、掠夺风险、合同违约风险和会计标准评级作为评价各国法律执行效率的标准。各项指标的得分越高，意味着对法律条文执行的效果越好。在 ICR 中，关于中国的指标，只包含了法治水平和腐败指数，因此，如何评价我国的法律执行效率，我们只能在这两个指标的基础上与其他国家进行比较。比较的结果见表 6-1，我们可以发现，我国的得分大大低于其他国家。

表 6 - 1　　　　　　　　　　法律执行效率比较

| 国家 | 英国法系平均值 | 法国法系平均值 | 德国法系平均值 | 北欧法系平均值 | LLSV样本平均值 | 中国 |
|------|--------|--------|--------|--------|--------|------|
| 法治水平 | 6.46 | 6.05 | 8.68 | 10 | 6.85 | 5 |
| 腐败指数 | 7.06 | 5.84 | 8.03 | 10 | 6.9 | 2 |

资料来源：中国的数据来自于 International country risk（rating agency）；LLSV 的样本国家数据来自于 LLSV（1998）：1142//Allen, Qian 和 Qian（2002）[179].

在对小股东权益的保护上，我国的法律执行效率与其他国家相比相差甚远。仅有保护小股东权益的条款，而没有实际的执行，再好的法律条文都是没有意义。因此，好的法律是那些能够实际执行的法律，法律的改革不只是颁布一系列理想的规则，而是要制定一些能够得以有效执行的规则[180]。

我国《公司法》第一百一十一条规定，对违反法律、法规和侵害股东利益的股东大会和董事会决议，股东可以向法院提起诉讼，要求停止违法行为和侵权行为。但是小股东在行使权利时，繁缛的诉讼程序是小股东难以承受的，而且小股东处于信息劣势，再加上诉讼结果的不确定性，使得小股东缺乏对抗控股股东侵害其利益行为的法律手段。在各种法律责任制度中，只有民事责任才能给予受害者充分的赔偿和救济，而我国的证券法规中缺乏民事责任的具体规定，对于违规违法行为的处罚一般采用行政处罚的解决办法。因此，只有通过便捷的诉讼程序，通过民事责任的追究保证遭受损失的投资者获得充分的赔偿，才能切实保护小股东的利益。

同时，中小股东亦应加强自我保护的意识，许多小股东对参加股东大会。行使自己的权利不积极，在利益受到控股股东的侵害后，因收益与成本的不相称往往存在着"搭便车"的心理。这固然有现行法律法规不完善的原因，但与投资者自身的维权意识与能力有很大关系。

因此，应加强对小股东权益的保护，减少繁杂的诉讼程序，降低小股东的诉讼成本，使其民事赔偿责任能落到实处，以减少控股股东和经营者合谋的可能性。因此，要约束控股股东和经理的合谋行为，还必须完善中小股东权益保护制度，建立小股东对上市公司的诉讼机制和民事赔偿制度，使小股东在受到权益侵害时，能够通过法律武器来保护自己。

# 6.5　加强会计管制

## 6.5.1　突出政府监管部门的主导地位

在第 3 章已经证明，如果加大管制者成功查处的概率及对控股股东会计行为异化的惩罚，控股股东会降低会计行为异化的概率，这样，只能在短期起到抑制控股股东会计行为异化的作用，因为，从长期来看，会计管制部门会理性地降低其对控股股东会计行为异化查处的概率。对于会计管制部门，增加成功查处控股股东会计行为异化后得到的奖励、疏于管制受到的惩罚以及降低管制成本，会计管制部门会更加积极地去发现控股股东的会计行为异化，致使控股股东降低会计行为异化的概率（暂时），因此管制者积极地去发现控股股东会计行为异化与不积极地去发现的期望收益又趋于相等，管制者也会选择混合策略，混合策略的概率取决于控股股东的期望收益。根据经济学理论可知，控股股东会计行为异化的概率应该控制在监管的边际社会收益大于等于监管的边际社会成本。政府实施的监管应适度，适度的监管是消除或减轻会计行为异化的关键。适度的会计监管有利于其他监管主体功能的正常发挥，以及职业界的自觉管理、市场的自发调节，弥补政府会计监管中存在的缺陷，最终形成政府、市场和职业界之间的良性循环；适度的会计监管还将使政府监管行为趋向于规范化。

政府监管部门在监管过程中都有权查阅企业的财务资料，但在监管目标、侧重点方面不完全一样，分属于不同性质的监管，造成了多头监督、职能重叠等情形，这不仅损害了政府形象和增加了企业的负担，也削弱了政府监管的功效，造成政府监管软弱无力。不仅如此，政府监管效率低下，反而会使会计行为主体产生侥幸心理，助长其违法违纪行为。因此，必须明确政府各个部门的职责权限，提高监管效率，使政府监管主体间做到相互协调。

会计师事务所具有人员优势，注册会计师的素质较高，由其负责具体的上市公司的审计工作，以保证政府监管部门集中精力进行监管。主管注册会计师行业的财政部门，应依法履行其行业准入及退出资格的认定，维护审计市场的稳定，对注册会计师的违规、违法行为进行处罚，以保障审计质量，同时对政府各监管部门之间及其行业协会之间的关系进行协调。审计部门作为政府履行监督职能的综合性监督机构，具有最终审计监督权，可以采用抽查的方式，对企业提供的会计信息进行监管，同时对会计师事务所及注册会计师独立性及执业质量进行监督检查。证监会应当履行其对上市公司公开披露的会计信息及独立审计的质量进行监督，并拥有对会计行为异化，发布失真会计信息的企业予以处罚等职责及权限。银行、税务部门则可以就信贷、税收等专门方面加强对企业的监督检查。由于各个部门在对企业实施监管时，各有侧重，为了避免重复监管造成的效率低下，各部门之间可以建立企业监管信息网络化的平台，将其监管结果组建统一的数据库系统，以提高监管的效率，并可以对企业的情况进行总体评价[181]。

### 6.5.2　加强注册会计师的自律监管

注册会计师要对上市公司公布的会计信息进行独立审计并出具审计意见，他们既是会计监管的主体，同时又是会计监管的对象。注册会计师和事务所作为理性的"经济人"，也有追求自身利益最大化的需求。在审计市场为买方市场的情况下，注册会计师独立性妥协于利益的需求。在审计市场恶性竞争，市场集中度低的情况下，事务所与上市公司会出现明显的力量不均衡，导致"购买会计准则"的情况。在缺乏有效的监管制度和惩罚措施的情况下，注册会计师可能会降低对上市公司监管职能的履行效果，甚至和上市公司合谋，因此应加强对注册会计师行业核心制度和配套制度的培育。注册会计师行业管理体制的核心制度在于保证高质量职业服务的市场需求，包括对注册会计师执业质量的监督，加强职业道德的建设，健全审计市场的竞争机制，使注册会计师及会计师事务所的执业风险落到实处，增强风险意识，通过市场力量促使其加强自我约束。配套制度就是公司治理结构的完善，以形成对控股股东权利的有效制衡，防止控股股东对注册会计师审计的影响，降低控股股东与注册会计师合谋的发生，加强对小股东利益的保护机制，保证注册会计师实施审计的独立性，履行其监管职能的发挥。

在维护社会公众利益与注册会计师自身利益的前提下，需要通过两者的博弈达到一种动态的统一或平衡，但这种平衡不是仅仅依靠市场力量能实现的，还要借助政府和行业协会的力量来保证博弈能够合理、有序地进行。社会公众的利益由政府来保护，其依靠行政许可和行政处罚等强制手段来对注册会计师的行为进行约束，保障会计市场的稳定，维护社会公众的利益。而注册会计师的利益由行业协会来保护，其通过行规行约等自律手段加强对注册会计师的职业道德教育，以提高其执业质量，维护注册会计师行业的整体利益，对造成行业整体利益受损的行为进行惩戒。

我国的注册会计师行业应该建立由政府监管和注册会计师行业自律监管有机结合的行业管理体制。对注册会计师行业监管框架体系的构建，首先要明确政府和注册会计师协会的职责权限，明晰政府监管和行业自律的本质特征，对性质模糊的边缘地带，要真正落到实处，以消除或减少监管不到位的现象。在这样的监管框架下，政府部门应为注册会计师行业创造良好的外部环境，依靠行政手段和强制力，发挥政府监管的优势，保证注册会计师行业的规范运行，促进注册会计师行业的健康发展。而注册会计师协会应在注册会计师的执业资格的认定，执业范围的划分和加强注册会计师职业道德建设等方面发挥自律功能[182]。

总之，针对我国会计管制的现状，单纯地采用政府监管可能导致政府监管的失灵，因为政府对市场的干预依赖于对市场信息的全面、及时和准确的把握，而政府监管存在着信息不完全的问题；而单纯的自律监管缺乏权威性，约束力度不够，所以，应突出政府在会计管制方面的主导地位，同时以行业自律为辅，两者相互配合，优势互补，以抑制会计行为异化的发生，提高会计信息的质量。

### 6.5.3 完善会计行为规范

会计行为规范是对会计行为起规范作用的法律、规章、准则、通知等的总称，对会计行为起规范和约束作用，是会计管制部门履行其职能的标准，是衡量会计行为结果与会计行为目标是否一致的准绳。

我国的会计行为规范体系是由会计法律规范、会计准则规范及道德规范组成。会计法律规范是国家立法机构或国家行政机构为规范会计行为和会计信息披露而制定的一系列法律、法规和部门规章，主要包括《会计法》、《公司法》、《证券法》及会计监管部门制定的一系列部门规章。会计法律规范是会计规范的最高层次，制约着会计准则规范和会计道德规范，是约束会计行为的根本标准。会计准则规范是为规范会计行为和会计信息披露而制定的基本会计准则及具体会计准则。会计道德规范是一般社会道德规范在会计行为活动中的具体体现，包括会计人员从事会计工作和信息披露所持有的道德观念、道德原则、职业作风、情感态度等。会计道德规范是会计行为主体通过自我约束方式实现的。会计行为规范在抑制会计行为异化的发生和提高会计信息质量方面发挥了重要作用，但仍存在一些问题有待提高。

（1）会计法律规范的协调与操作

①协调不同法律规范之间对会计行为主体的处罚

会计法律规范是在法律的保障下，通过法律的强制力和威慑力规范会计行为主体的行为，但上市公司会计法律规范散见于《会计法》、《证券法》、《公司法》等法律文件中，比较零星分散。制度不应在无确切理由的情况下对个人和情境实施差别待遇[74]，而我国不同层次间法律规范的内容缺乏系统安排，不同法律间的规定也没有很好的协调。

《会计法》明确规定，单位负责人和会计人员通过会计行为异化披露失真的会计信息都有可能承担刑事责任，但我国现行刑法和有关补充规定中还没有明确这一点，真正对单位负责人和会计人员进行刑事处罚比较困难。单位负责人只有在"授意、指使、强令"生产并披露失真的会计信息时，才负有法律责任。一般情况下，单位负责人授意、指使、强令会计人员生产并披露失真的会计信息，会计人员很难对此进行举证，单位负责人受到惩罚的可能性不是很大。由所在单位给予的行政处分如同虚设，并没有形成一种威慑力，很多负责人在离开一个公司后可以到一个更好的公司任职。在实际工作中，这种处分甚至演变成为调离原工作单位而得到提升。即使受到了经济处罚，只不过处以3千元以上5万元以下的罚款，而且罚款大多由单位代为缴纳，并不涉及其自身利益。而且，在相关的法律条文中，对披露虚假会计信息的法律责任的处罚存在着不一致，见表6-2。

**表6-2　有关法律对披露虚假会计信息法律责任的规定**

| 项目 | | 《刑法》 | 《公司法》 | 《证券法》 | 《会计法》 |
|---|---|---|---|---|---|
| 企业应承担的法律责任 | | —— | —— | 罚款三十万元以上六十万元以下 | 罚款五千元以上十万元以下 |
| 主管人员和其他直接责任人的法律责任 | 行政责任 | 罚款二万元以上二十万元以下 | 罚款一万元以上十万元以下 | 给予警告，并处三万元以上三十万元以下的罚款 | 罚款三千元以上五万元以下；撤职直至开除的行政处分；吊销会计从业资格证书 |
| | 刑事责任 | 三年以下有期徒刑或者拘役 | 追究 | 追究 | 追究 |

2001年8月的银广夏事件，当时所引起的社会关注和震惊程度，应当超过了之前所有的公司丑闻。相关当事人被拘留、中天勤会计师事务所被解散，使事务所真正意识到降低会计信息质量的风险所在，对会计信息质量的提高具有一定的积极作用。但是，由于该案件最终审理后，很多责任人没有被追究，绝大部分董事会成员没有承担责任，董事长全身而退，而做假账的责任主要由财务人员和审计人员承担，单位负责人并没有为此承担任何责任，这在相当程度上弱化了银广夏事件最初的市场影响。

在法律规范中，由于对会计行为主体披露失真的会计信息的规定过于原则化，而且由于《会计法》、《公司法》、《证券法》、《刑法》中对会计行为披露失真的会计信息承担的法律责任的不一致，造成法规之间的不协调以及执行过程中的不易操作。因此，必须协调法律规范中对会计行为主体的处罚，对其处罚必须真正落到实处，以规范会计行为，从根本上提高会计信息质量。

②建立合理的赔偿机制使之具有可操作性

《证券法》第六十九条规定："发行人、上市公司公告招股说明书、公司债券募集办法、财务会计报告、上市报告文件、年度报告、中期报告、临时报告以及其他信息披露资料，有虚假记载、误导性陈述或者重大遗漏，致使投资者在证券交易中遭受损失的，发行人、上市公司应当承担赔偿责任；发行人、上市公司的董事、监事、高级管理人员和其他直接责任人员以及保荐人、承销的证券公司，应当与发行人、上市公司承担连带赔偿责任，但是能够证明自己没有过错的除外；发行人、上市公司的控股股东、实际控制人有过错的，应当与发行人、上市公司承担连带赔偿责任。"此条将提供虚假信息的对象规定得十分具体，也规定了应承担民事责任的主体及责任类型（赔偿和连带赔偿责任）。这说明立法机关已经意识到证券民事责任的重要性，但从法律的确定性和可操作性角度来看，没有实质性的改变。

一般情况下，上市公司在披露虚假会计信息后，往往是对上市公司及相关责任人处以一定金额的罚款，三联商社因在2004年、2005年和2006年与三联集团及关联公司发生大额资金往来，并为三联集团大额贷款提供担保，未按照相关规定详细披露关联交易等事项，在2008年受到了证监会的处罚。三联商社被处以40万元的罚款，对直接责任人、时任三联商社董事长的张继生给予了警告，并处以 10 万元罚款的处罚，其他责任人也只是受到了 3 万~5 万元的罚款。而对于因受虚假信息蒙骗持有公司股票的小股东来讲，不仅要承担公司因提供虚假信息形成的罚款还要承担由于股价下跌的损失。银广夏因虚构 7.45 亿元利润，事发后连续 15 个跌停，小股东索赔无门，即是例证。

法律规范虽然从制度上保证了上市公司提供虚假陈述应当要承担民事责任，但将赔偿案限定在实际损失幅度内，表明上市公司的责任有限。2003 年的 ST 嘉宝案中，16 个投资者得到了约 6 万余元的赔偿案，这一事件从经济上决定了对上市公司因为虚假陈述提起法律诉讼是无效的。

虽然规定了对投资者的赔偿的情形，但在具体数额的确定上，仍缺乏具体的法律依据。由于证券价格的波动性使得仅靠这些规定根本无法确定损害赔偿数额，这样不能对虚假信息披露者形成威慑，不能很好地保护投资者合法的经济利益，从而使因欺诈行为而失衡、扭曲的经济关系得不到恢复。

美国在安然和世界通信案发后，在很短的时间里出台了《萨班斯—奥克斯利法案》，明确了企业 CEO 或 CFO 对公司的财务直接负责，对于直接参与提供失真会计信息的高级经理人最长将被判处 25 年监禁，所有涉嫌提供失真会计信息的人都会受到惩罚，而且不只是罚款，还可能是失去人身自由的代价。针对我国法律规范中，《会计法》中缺乏民事责任，对披露失真会计信息的处罚在操作上缺乏可行的认定标准。因此在《会计法》等法律规范中，应增加民事责任的基本条款，规定因披露失真会计信息给投资人或其他利益主体造成财产损失的，应依法赔偿。明确民事责任主体，不应单纯的由披露失真会计信息的单位承担民事责任，相关责任人也要予以赔偿，对赔偿金额的计算也应予以明确，而且要加大对会计行为异化主体的处罚力度。同时，通过制定相关的制度或者是司法解释，建立有关民事赔偿制度，使会计行为主体虚假陈述的民事赔偿制度形成一个完善的体系，上至《宪法》、《民法通则》、《刑法》、《公司法》、《证券法》、《会计法》等，下至司法解释、行政法规、部门规章，均应形成一致的逐层深入的具体规范。对会计行为主体披露失真会计信息所承担的民事责任、刑事责任应提供相互的支持。这样，才能够有效保护投资者利益，清除舞弊行为，维护资本市场健康发展。

③设置完善的指标体系

为了遏制会计行为主体利用公司法的模糊性进行会计行为异化的可能，确保上市公司的质量，在有关的法律规范中，对公司的设立、发行新股、上市、退市的条件等都作了明确的规定，但在指标的设置上比较单一，与财务数据的联结过于紧密。如对上市公司增发新股的规定，除应当符合《上市公司新股发行管理办法》的规定外，还应当符合：

a. 最近三个会计年度加权平均净资产收益率平均不低于10%，且最近一个会计年度加权平均净资产收益率不低于10%。扣除非经常性损益后的净利润与扣除前的净利润相比，以低者作为加权平均净资产收益率的计算依据。

b. 增发新股募集资金量不超过公司上年度末经审计的净资产值。

c. 发行前最近一年及一期财务报表中的资产负债率不低于同行业上市公司的平均水平。

几个简单的指标界定了上市公司增发新股的标准，因此，会计行为主体可以根据给定的标准操纵会计数据，在直接涉及切身经济利益时，会想尽一切办法在会计准则允许的范围内调整利润及其他财务数据，或违反会计准则的规定操纵利润及其他财务数据，以期达到公司设立、发行新股、上市、配股增发、避免退市等目的，出于保障上市公司质量制定的标准演变成为会计行为主体操纵会计信息的目标。

净资产收益率在上市公司上市发行新股的条件中是一个很重要的指标,但净资产收益率及再辅之以其他指标很难准确反映公司的获利能力和发展潜力。在没有更好地确定公司的真实生产经营状况的前提下,应该设置一个相对完善的指标体系,使得各项指标相互钩稽,全面分析上市公司的综合素质。

(2) 会计准则规范的制定与执行

在 2006 年 2 月 15 日,财政部正式公布了包括 1 项基本准则和 38 项具体准则在内的《企业会计准则》体系。39 项企业会计准则的发布,标志着我国企业会计准则体系的制定任务已初步完成,是我国会计发展史上的重要里程碑。我国上市公司的会计行为及其形成的会计信息需要用会计准则来规范,高质量的会计准则是高质量会计信息的保障。在上市公司中,由于控股股东与小股东代理问题的存在,使得处于信息不利地位的小股东极有可能对资本市场不信任,从而影响他们的积极性,以致严重危害资本市场和整个市场经济的繁荣与发展。企业会计准则作为保障会计信息质量的制度安排,对于满足小股东投资所必要的信息,对于维护我国资本市场的公正、公开、公平的健康发展,起着至关重要的作用。

从表面上看,会计行为异化是会计行为主体在反映客观经济业务时对会计准则的违背,但从另一个角度看,它同时也反映了会计准则本身给会计行为主体提供了会计行为异化的空间。会计行为异化与会计准则的制定与执行密切相关。

①高质量的会计准则是会计行为主体据以提供高质量会计信息的基础

我国的企业会计准则体系包括三部分内容:基本准则、具体准则和应用指南。基本准则是最大的原则,是准则中的准则,它统驭着所有具体准则。具体准则主要为企业处理各种具体交易和事项提供统一的标准。在基本准则和具体准则基础上制定的会计准则应用指南，对会计实务中一些要点、重点和难点进行了规范，属于操作层面的规定。这三部分共同构成了中国企业会计准则体系[183]。会计准则体系质量的高低直接关系到会计信息的质量，我国会计准则体系的质量仍有待提高。

a. 减少会计行为主体可操纵的空间

制度具有不完美性，在债务重组准则和关联交易准则出台前，许多上市公司的控股股东利用会计准则的漏洞，采用债务重组和不正常的关联交易来操纵利润，采用形式上合规而实质上不合理的做法。即使在出台了关联交易准则和债务重组准则之后，许多交易仍然不具有实质性的内容，如控股股东经常通过巨额交易来"输送"利润，并以基本上不可能归还的应收账款的形式，来操纵上市公司的年度利润，以便上市公司满足中国证监会规定的融资条件，实证研究中的 10% 现象就充分说明了这一点。直至在关联交易准则中，强制规定关联方之间不公允的交易利得必须进入资产负债表中的公积项目，而不能直接进入当年的利润表之后，市场中通过关联交易操纵利润表和收益数字的势头才有所遏制。然而，像德隆之类的公司仍然继续用一些表面上看不出是关联方的公司之间的交易来继续操纵利润，而准则制定部门和监管部门对此却仍然处于束手无策的地步。因此，在制定会计准则时，既要考虑到规则导向对具体会计实务的指导作用，又要考虑到原则导向的统驭作用，使两者很好地结合。由于规则导向不能做到面面俱到，需要原则导向加以指导和规范，以减少会计行为主体操纵会计信息的空间。

b. 增强预见性

会计准则在规范会计行为的过程中不断发展，但环境是不断变化的，新情况、新问题会不断涌现，会计行为主体总会寻求会计准则的漏洞，通过会计行为异化实现利益最大化。

在准则中，会计选择和职业判断的空间有所增加，从而客观上增加了会计行为异化的空间。国际上许多较为发达的市场经济国家和地区对公允价值的运用已有多年的探索，为我们提供了一些可借鉴的经验，加之我国经过若干年来的改革和治理，公允价值的应用"土壤"确有改善。一切表明公允价值应用条件已较成熟。尽管新准则对公允价值的运用作了谨慎设计，但公允价值的计量毕竟取决于会计职业判断，可能成为会计行为主体会计行为异化借用的工具，比如资产减值中"可收回金额的计量"、"资产未来现金流量的预计"、"折现率的选择"、"资产组的认定"、"开发阶段"与"研究阶段"的界限等，都可能成为管理层调节利润的工具。

因此，在制定会计准则时，要增强预见性，对可能出现的会计行为异化的环节、方式和方法及早预防和出台相应的配套措施。

c. 培育新会计准则发展的环境

公允价值的使用是我国会计准则的一个亮点，在理论界的研究大多是零星分散的，全面系统研究的还较少，至今尚未形成一个完整的理论体系。公允价值运用的难点在其价值的确认和计量方面，在存在公平交易的情况下，可以用交易价格作为公允价值，当不存在活跃市场时，公允价值的确认和计量将更多地依赖现值技术。我国现行会计准则中多处涉及了公允价值，但没有对其进行系统研究的理论来规范实务中的操作，因此，应尽快对公允价值加以规范，以增强对实务的指导作用。

公允价值真正得以运用不仅仅需要理论的支持，还需要活跃的市场环境。公允价值的本质在于交易的公平性及交易双方的自愿性，公允价值的获取依赖公平、成熟的市场环境。我们应努力在资本市场、债券市场、票据市场、外汇市场之间建立充分竞争的生产交易原则，尤其是房地产市场和金融工具交易市场，建立统一而又充分竞争的交易市场，为公允价值的应用提供市场环境。

②高质量的会计准则只有得到有效执行才能产生高质量的会计信息

高质量的会计准则并不一定意味着高质量的会计信息，会计准则的质量再高，也只有得到有效执行才能产生高质量的会计信息。而且由于会计准则不完全性的存在，允许会计行为主体在提供会计信息时采用职业判断，会计行为主体可以凭借其对经济活动机会的了解，来选择符合其目的的会计方法、会计估计及披露方式等。

政府制定通用会计准则具有强制性和权威性，但由于有限理性、交易成本和信息不对称等原因，通用会计准则只可能是不完全的，这势必导致剩余会计准则制定权在执行过程中的相机行使。在所有权与经营权分离的情况下，这一剩余会计准则制定权安排给经营者是一种必然；而在股权集中的情况下，控股股东通过与经营者合谋演变成为实质上的会计行为主体，剩余会计准则的制定权体现为控股股东的意志，其执行是在控股股东指挥下的经营者操作。

我国的公司治理存在着股权结构较集中，缺乏有效的控制权市场，控股股东的权利缺乏有效的控制，当控股股东追求自身利益最大化时，便会通过关联交易、资产置换等手段侵占小股东的利益，这时，剩余会计准则的制定权与执行权成为其掩饰利益侵占、粉饰会计信息的工具。因此，应通过完善公司治理等措施来约束控股股东的权利，通过经理人市场的激励机制打破控股股东与经理人的合谋，同时加强会计道德规范建设，使会计准则规范能够得到有效的执行。

（3）会计道德规范的建设与发展

制度通过激励与约束的方式影响个体行为，具有明显的经济后果。在市场经济环境中，会计行为主体都是逐利的经济人，他们的经济行为受利益分享和分配制度的约束，而界定经济利益在各主体之间分配和分享的会计信息取决于会计行为规范的制定和执行。会计法律规范和会计准则规范由政府部门制定，由政府法律约束力强制实施，是一项正式的制度安排。但是，正式制度并不能完全保证会计行为提供如实反映客观事实的会计信息。因为正式制度在现实中有可能难以得到完全公正和有效的执行。控股股东、经营者、小股东等众多的利益相关者其目标函数不可能完全一致，其利益冲突在制度执行过程中不可避免。

在应用会计法律规范、会计准则规范处理经济业务时，要做到客观公正的执行，这也正是会计道德规范的要求。会计道德规范要求会计行为主体客观公正地进行会计政策选择、会计估计和会计处理，会计道德规范要求的直接结果是会计法律规范和会计准则规范得到公正的执行。由于会计具有明显的经济后果，会计道德规范要求通过正式制度的执行作用于会计行为主体，影响会计行为主体的行为状态和他们之间的经济利益。因此，会计道德规范同样是经济社会中对行为主体行为约束和利益分配的规则，它同样是一项制度安排。尽管会计法律规范、会计准则规范由法律作为保障，具有强制性，但它们只是对会计行为进行了"原则性"和"规则性"的约束，会计行为主体还有很大的操作空间，而这部分空间需要由会计道德规范来约束。也就是说，仅仅建立刚性的正式制度是不够的，更重要也是必需的是非正式制度条件的成熟。只有这样，这种制度框架才能够获得发展的动力。在实际社会经济生活中，正式制度与非正式制度的"共同影响"是很难分割开的。正式制度与非正式制度之间是相辅相成，相互制约的关系。会计道德规范弥补了会计法律规范和会计准则规范作为正式制度的天然缺陷。

会计行为规范体系是否健全，除了看会计法律规范与会计准则规范是否完善之外，还要看会计道德规范与其能否完全契合，和谐共处。正式制度只有得到非正式制度认可的情况下才能发挥其作用，非正式制度只有适应正式制度发展，随之更新，才能得以传承和发展。前美联储主席格林斯潘认为："监管不可能永远是正确的，也不可能对所有的监管目标都行之有效。外部监管永远不可能替代自律的谨慎管理。"[184] 会计职业道德自律性约束是一种内在渗透性管理、日常性管理和潜在性管理，具有超越政府、超越市场的力量，能在相当程度上弥合外部监管的不足，是政府监管的必要补充，但同时自律性管理也是政府监管的对象。

　　会计道德规范要真正发挥其自律约束的作用，不能单纯地依靠说教，潜在的约束转化为实际的行动依赖于良好的环境氛围。"国际经济研究中心"经过研究后得出的结论认为，在发展中国家，行政和经济部门更多强调职业道德的自我约束而轻视法规的管束。我国也不例外。一旦出现会计行为异化现象，首当其冲谴责的是会计人员的道德素质，而不考虑会计人员所处的实际环境。实际上，会计人员并不是不具备自律意识，并不是有意违背会计行为规范。如在一次面向各种性质企业、各类会计人员的针对会计人员职业道德问题的调查中，在收回的 1 166 份问卷中，面对"能够自觉修养职业道德的会计人员"的选项，认为"占大多数"的比例为 37.24%，"占多数"的比例为 49.45%，两者合计为 86.69% [184]。这说明，会计人员在没有外界压力的情况下，能够做到按照会计行为规范的要求约束自己，对会计职业道德有着较高的认同。会计行为异化现象的普遍存在并不表明会计人员的素质不高，自律意识不强，会计人员的自律没有能够转化为实际的约束，其关键在于，会计职业道德作用的发挥依附于特定的环境，人是有限理性的经济人，在强大的利益诱惑面前，单纯的说教将会显得苍白无力。在企业中，会计人员的利益直接受制于管理层，只能唯命是从；否则，可能导致失业的危险，这时的自律将会成为一纸空谈。因此，在加强会计职业道德教育时，还应该对企业的管理层、监管者进行全方位的诚信教育，培养诚信的环境，这样，当巨额的经济利益与道德规范发生碰撞时，才能使会计人员自觉地遵守道德规范的要求。

# 本章小结

在控股股东为了满足利益最大化的需要，在公司治理结构失衡和监管不力的情况下，会计行为异化极易发生。本章阐述了控制会计行为异化发生的对策：首先，通过完善公司治理，建立相互制衡的约束机制；其次，理顺董事会和监事会的关系，发挥监事会的监督职能；再次，发挥声誉激励作用，促进完全竞争的经理人市场的形成，通过有效的激励约束机制加大控股股东和经营者合谋的成本；最后，加强对中小股东的保护，当小股东权益受到侵害时，使之能够通过法律武器维护自己的利益。加强会计管制，以抑制会计行为异化的发生，最大限度地保证会计行为结果与会计行为目标一致。

# 7　全书总结与研究展望

## 7.1　全书总结

### 7.1.1　主要结论

会计行为受会计行为主体的动机及其环境的影响。控股股东会计行为异化的动机源于其利益最大化的需要。在股权集中的情况下，经营者由控股股东控制，在股权分散的情况下，控股股东通过与经营者的合谋演变为实质上的会计行为主体，在其权利不能得到有效约束和会计管制不力的情况下，控股股东会计行为异化的发生顺理成章。本研究在国内外已有研究成果的基础上，运用行为学、会计学和公司治理理论分析了控股股东会计行为异化的形成机理，并构建了控股股东会计行为异化的识别模型，提出了相应的解决对策。

### 7.1.2　创新点

（1）本书在对现有研究综述的基础上，对会计行为异化的概念进行了界定，有助于进一步深入研究会计行为异化问题，寻根溯源，以寻求引起上市公司会计信息失真的根本原因，有针对性地解决会计行为异化问题。

（2）现有研究对控股股东会计行为异化的研究比较分散，这种局限性不可避免会使分析停留在事物表面而缺乏对其本质问题的深层把握。因此，无论是对业已十分严重的会计行为异化的实践治理还是对于理论发展，都有待继续深入研究。本书系统运用行为学、会计学、公司治理理论揭示了控股股东会计行为异化的形成机理。

（3）根据中国证监会的处罚公告以及相关资料，以受到证监会处罚的公司和未被处罚的公司作为研究样本，对有关数据进行了描述性分析，并构建了基于公司治理和财务指标的控股股东会计行为异化的识别模型，并对预测结果进行了检验，将有助于会计信息使用者做出正确的判断。

## 7.2　研究展望

会计行为异化是会计行为主体为实现不正当的会计行为目标，在缺乏有效的制度安排或制度执行被扭曲的情况下，应用现代会计理论与技术方法，故意编制虚假或容易误导的财务报告的行为。它使财务报告不能客观、真实地反映经济业务的实际情况，从而影响财务报告使用者的投资决策行为。本书重点分析了控股股东会计行为异化的形成机理、识别和控制，但在控股股东会计行为异化的研究中仍存在很多问题，值得我们进一步研究。

（1）会计行为规范是会计管制的准绳，同时也是会计行为主体会计行为异化借用的工具。如何完善会计行为规范体系是一项长期而艰巨的工程。

（2）会计行为异化与会计管制是互动关系，会计行为异化随会计管制的不断发展而变异。所以，针对不断变化的会计行为异化新方法，提出切实有效的解决方案是我们时刻要关注的。

（3）由于控股股东会计行为异化是控股股东为了实现自身利益最大化，故意提供虚假会计信息的行为，因此其行为是一个复杂的过程，具有隐蔽性、复杂性和多样性的特点。本书选取的是2004年至2009年5月被证监会处罚（不包含未及时披露信息等而受到处罚的公司）且舞弊年度始于2001年的公司，一共只筛选出适合本研究的29家公司样本，样本规模较小，所选资料限于上市公司公开公布的资料，这有可能影响模型的有效性。而且识别模型不是一劳永逸的，应根据会计行为异化不断出现的新情况加以修正。随着被证监会查处公司的增多，可以增加样本数量，从而使研究结论更加可信；可以增加更多的识别指标，多角度分析可能具有识别功能的变量；将舞弊年度与未舞弊年度的指标进行纵向对比研究可能会有更好的预测效果。这将是我下一阶段的继续研究工作。

# 参考文献

[1] 罗建兵. 合谋的生成与制衡: 理论分析与来自东南亚的证据 [D]. 上海: 复旦大学, 2006.

[2] JENSEN M. C., W. H. MECKLING. Theory of the firm: managerial behavior, agency costs and ownership structure [J]. Journal of Financial Economics, 1976 (3): 305 - 360.

[3] SHLEIFER A., R. W. VISHNY. Large shareholders and corporate control [J]. Journal of Political Economy, 1986 (94): 461 - 488.

[4] GROSSMAN S. J., O. D. HART. One share - one vote and the market for corporate control [J]. Journal of Financial Economics, 1988 (20): 175 - 202.

[5] BEBCHUK L. A. Efficient and inefficient sales of corporate control [J]. Quarterly Journal of Economics, 1994 (109): 957 - 993.

[6] BURKART, MIKE, DENIS GROMB, FAUSTO PANUNZI. Why higher takeover premia protect minority shareholders [J]. Journal of Political Economy, 1998 (106): 172 - 204.

[7] KYLE A. S., J. L. VILA. Noise trading and takeovers [J]. Rand Journal of Economics, 1991 (22): 54 - 71.

[8] SHLEIFER A. , R. W. VISHNY. A survey of corporate governance [J]. Journal of Finance, 1997 (52): 737 - 783.

[9] MCCONNELL, JOHN J. , HENRI SERVAES. Additional evidence on equity ownership and corporate value [J]. Journal of Financial Economics, 1990 (27): 595 - 612.

[10] HOLDERNESS C. , D. SHEEHAN. The role of majority shareholders in publicly held companies [J]. Journal of Financial Economics, 1988 (20): 317 - 346.

[11] BARCLAY M. J. , C. G. HOLDERNESS. Private benefits from control of public corporations [J]. Journal of Financial Economics, 1989 (25): 371 - 395.

[12] ANDERSON, RONALD C. , DAVID M. REEB. Founding - family ownership and firm performance: evidence from the S & P 500 [J]. Journal of Finance, 2003.

[13] BECHT M. , A. ROELL. Blockholdings in Europe: an international comparison [J]. European Economic Review, 1999 (43): 1049 - 1056.

[14] 余明桂. 中国上市公司控股股东的代理问题研究 [D]. 武汉: 华中科技大学, 2004.

[15] 陈小悦, 徐晓东. 股权结构、企业绩效与投资者利益保护 [J]. 经济研究, 2001 (11).

[16] 谢军. 股利政策、第一大股东和公司成长性: 自由现金流理论还是掏空理论 [J]. 会计研究, 2006 (4).

[17] PAGANO, MARCO, ALISA ROEL. The choice of stock ownership structure: agency costs, monitoring, and the decision to go public [J]. Quarterly Journal of Economics, 1998 (113): 187 - 226.

[18] JOHNSON S. , LA PORTA R. , LOPEZ – DE – SILANES F. , SHLEIFER A. Tunneling [J]. American Economic Review Papers and Proceedings, 2000 (90): 22 – 27.

[19] LA PORTA R. , LOPEZ – DE – SILANES F. , SHLEIFER A. Corporate ownership around the world [J]. Journal of Finance, 1999 (54): 471 – 518.

[20] CLAESSENS S. , S. DJANKOV, H. P. LANG. The separation of ownership and control in East Asian Corporations [J]. Journal of Financial Economics, 2000 (58): 81 – 112.

[21] FACCIO, MARA, LARRY LANG, LESLIE YOUNG. Dividends and expropriation [J]. American Economic Review, 2001 (1): 54 – 78.

[22] BERGSTROM C. , RYDQVIST K. Ownership of equity in dual – class firms [J]. Journal of Banking and Finance, 1990 (4): 237 – 253.

[23] WEINSTEIN D. E. , Y. YAFEH. On the cost of a bank centered financial system: evidence from the changing main bank relations in Japan [J]. Journal of Finance, 1998 (53): 635 – 672.

[24] WEISS A. , GEORGIY NIKITIN. Performance of czech companies by ownership structure//The davidson institute working paper series [C]. Michigan: University of Michigan Business School, 1998.

[25] SIMON JOHNSON, PETER BOONE, ALASDAIR BREACH, ERIC FRIEDMAN. Corporate govermance in the asian financial crisis [J]. Journal of Financial Economics, 2000 (58): 141 – 186.

[26] LEE, JEVONS, XING XIAO. Cash dividends and large

shareholder expropriation in China [M]. Beijing : Tsinghua University, 2002.

[27] 李增泉, 孙铮, 王志伟. "掏空" 与所有权安排 [J]. 会计研究, 2004 (12).

[28] 唐宗明, 蒋位. 中国上市公司大股东侵害度实证分析 [J]. 经济研究, 2002 (4).

[29] BERTRAND M., MEHTA P., MULLAINATHAN S., FERRETING. Out tunneling: an application to indian business groups [J]. The Quarterly Journal of Economics, 2002, 117: 121 - 148.

[30] 关培兰. 简明行为科学辞典 [M]. 武汉：武汉大学出版社, 1998：5.

[31] 史仲文. 古今中外伟人智者名言精萃论行为 [M]. 北京：中国国际广播出版社, 1993：16.

[32] 时蓉华. 社会心理学 [M]. 成都：四川人民出版社, 1998.

[33] 余文钊, 等. 经济心理学 [M]. 大连：东北财经大学出版社, 2000.

[34] 丁平准. 新编会计大辞典 [M]. 北京：中国展望出版社, 1987：71.

[35] 亨德·里克森. 会计理论 [M]. 王澹如, 陈今池, 编译. 上海：立信会计出版社, 1987.

[36] 毛伯林. 中国会计行为研究的兴起与会计行为学的建设 [J]. 财会通讯, 1991 (12).

[37] 张兆国, 刘全英, 赵雯. 试析会计行为的本质 [J]. 中南财经大学学报, 1991 (3).

[38] 吴水澎 中国会计理论研究 [M]. 北京：中国财政经济出版社, 2000.

［39］ZIMBELMAN, MARK F. , VICHY B. HOFFMAN. The Effects of SAS No. 82 on auditors' attention to fraud risk factors and audit planning decisions ［J］. Discussion, Journal of Accounting Research, 1997 （35）: 75 - 104.

［40］朱国泓. 财务报告舞弊的二元治理 ［M］. 北京: 中国人民大学出版社, 2002.

［41］威廉姆·R. 司可脱. 财务会计理论 ［M］. 陈汉文, 等, 译. 北京: 机械工业出版社, 2000.

［42］SCHIPPER K. Commentary on earnings management ［J］. Accounting Horizons, 1989 （4）: 91 - 102.

［43］PAUL M. , HEALY, JAMES M. WAHLEN. A review of the earnings management literature and its implications for standard setting ［J］. Accounting Horizons, 1999 （12）: 365 - 383.

［44］章永奎, 刘峰. 盈余管理与审计意见相关性研究 ［J］. 中国会计与财务研究, 2002 （1）: 1 - 13.

［45］刘启亮. 不完全契约与盈余管理 ［D］. 厦门: 厦门大学, 2006.

［46］李爽, 吴溪. 审计师变更研究: 中国证券市场的初步证据 ［M］. 北京: 中国财政经济出版社, 2002: 35 - 63.

［47］吴联生. 审计意见购买: 行为特征与监管策略 ［J］. 经济研究, 2005 （7）.

［48］雷光勇, 王玮. 分配权能对应于会计行为异化 ［J］. 会计研究, 2005 （4）.

［49］雷光勇, 陈若华. 管理层激励与会计行为异化 ［J］. 财经论丛, 2005 （7）.

［50］陈若华, 刘慧龙. 报酬契约与内生性会计行为异化 ［J］. 广东商学院学报, 2006 （2）.

［51］刘立国, 杜莹. 公司治理与会计信息质量关系的实证

研究［J］. 会计研究, 2003（2）: 28 - 36.

［52］WATTS R. L. , ZIMMERMA J. L. Toward a positive theory of the determination of accounting standards ［J］. The Accounting Review, 1978: 112 - 134.

［53］STEVEN BALSAM. Discretionary accounting choices and CEO compensation ［J］. Contemporary Accounting Research, 1998 (15): 229 - 252.

［54］WARFIELD T. D. , JOHN. J. WILD, KENNETH. L. WILD. Managerial ownership, accounting choices and in formativeness of earnings ［J］. Journal of accounting and Economics, 1995 (20): 61 - 91.

［55］BEASLY, MARK S. An empirical analysis of the relation between board of director composition and financial statement fraud ［J］. The Accounting Review, 1996 (10): 443 - 465.

［56］WRIGHT D. W. Evidence on the relation between corporate governance characteristic and the quality of financial reporting, 1996.

［57］朱茶芬. 会计管制和盈余质量关系的实证研究 ［J］. 财贸经济, 2006 (5).

［58］黄世忠, 杜兴强, 张胜芳. 市场、政府与会计监管[J]. 会计研究, 2002 (12).

［59］刘明辉, 张宜霞. 上市公司会计监管制度及其改进[J]. 会计研究, 2002 (12).

［60］吴联生, 王亚平. 有效会计监管的均衡模型 ［J］. 经济研究, 2003 (6).

［61］葛家澍, 黄世忠. 安然事件的反思——对安然公司会计审计问题的剖析 ［J］. 会计研究, 2002 (2).

［62］雷光勇, 刘慧龙. 上市公司会计行为异化: 三维治理

与监管改革［J］．会计研究，2006（7）．

［63］COSO. Fraudulent financial reporting：1987－1997，1999.

［64］陆建桥．后安然时代的会计与审计——评美国《2002年萨班斯——奥克斯利法案》及其对会计、审计发展的影响［J］．会计研究，2002（10）．

［65］陈兴淋．组织行为学［M］．北京：清华大学出版社，北京，2006（7）：79.

［66］曹正进．组织行为学［M］．北京：经济管理出版社，2007（2）：115－144.

［67］R. M. STEERS, L. W. PORTER. Motivation and work behavior［M］．New York：McGraw－Hill，1975.

［68］库尔特·卢因．拓扑心理学［M］．竺培梁，译．北京：商务印书馆，1990：230－235.

［69］葛家澍，杜兴强，等．会计理论［M］．上海：复旦大学出版社，2005（8）：160－190.

［70］FAMA. E. F. Eifficient capital market：a review of theory and work［J］．Journal of Finance，1970（2）：383－417.

［71］蒋顺才，刘雪辉，刘迎新．上市公司信息披露［M］．北京：清华大学出版社，2004.

［72］BARRY C. B., S. J. BROWN. Differential information and security market equilibrium［J］．Journal of Financial and Quantitative Analysis，1985（20）：407－422.

［73］斯蒂格利茨．政府为什么干预经济［M］．郑秉文，译．北京：中国物资出版社，1998.

［74］柯武刚，史漫飞．制度经济学［M］．北京：商务印书馆，2004.

[75] 高景霄, 刘新君. 试析会计管制与会计行为异化 [J]. 财会月刊, 2007 (11).

[76] 亚当·斯密. 国民财富的性质和原因的研究 [M]. 郭大力, 王亚南, 译. 上海: 商务印书馆, 1981.

[77] BERLE A., MEANS G. The modern corporation and private property [Z]. New York. Macmillan, 1932.

[78] GROSSMAN, SANFORD, OLIVER HART. Takeover bids, the free – rider problem, and the theory of the corporation [J]. Journal of Economics, 1980 (11): 42 – 64.

[79] DEMSETZ H., K. LEHN. The structure of corporate ownership: causes and consequences [J]. Journal of Political Economy, 1985 (93): 1155 – 1177.

[80] MORCK R., SHLEIFER A., VISHNY R. Management ownership and market valuation: an empirical analysis [J]. Journal of Financial Economics, 1988 (20): 293 – 315.

[81] FRANKS, JULIAN, COLIN MAYER. The ownership and control of German corporations [Z]. Manuscript, London Business School, 1994.

[82] PROWSE STEPHEN. The structure of corporate ownership in Japan [J]. Journal of Finance, 1992 (47): 1121 – 1140.

[83] BARCA, FABRIZIO. On corporate governance in Italy: Issues, facts, and agency [Z]. Manuscript. Rome: Bank of Italy, 1995.

[84] LA PORTA, RAFAEL, FLORENCIO LOPEZ – DE – SILANES, ANDREI SHLEIFER, ROBERT W. VISHNY. Law and finance [J]. Journal of Political Economy, 1998 (106): 1113 – 1155.

［85］FACCIO, MARA, LARRY LANG. The ultimate ownership of Western European companies ［J］. Journal of Financial Economics, 2002 （65）: 365 – 395.

［86］FAMA E. F., M. C. JENSEN. Agency problems and residual claims ［J］. Journal of law and economics, 1983 （26）: 327 – 349.

［87］威廉姆森. 治理机制 ［M］. 王健, 等, 译. 北京: 中国社会科学出版社, 2001: 51 – 52.

［88］FAMA E. F. Agency problems and the theory of the firm ［J］. The Journal of Political Economy, 1980 （88）: 288 – 307.

［89］HART O. D. Firms, contracts, and financial structure. Oxford: Clarendon Press, 1995.

［90］武华清, 王开田. 会计行为控制论 ［J］. 审计与经济研究, 1999 （5）: 45.

［91］宋力, 韩亮亮. 大股东持股比例对代理成本影响的实证分析 ［J］. 南开管理评论, 2005 （1）.

［92］HART O., MOORE J. Property rights and the nature of the firm ［J］. Journal of Political Economy, 1990 （98）: 1119 – 1158.

［93］FAMA E., JENSEN M. Seperation of oenership and contral ［J］. Journal of Law and Economics, 1983 （26）: 301 – 325.

［94］肖艳. 中国上市公司大股东和经理合谋问题研究 ［D］. 武汉: 华中科技大学, 2004.

［95］DEMSETZ HAROLD. The structure of ownership and the theory of the firm ［J］. Journal of Law and Economics, 1983 （26）: 375 – 390.

［96］綦好东. 会计舞弊的经济解释 ［J］. 会计研究, 2002

（8）：26.

[97] 孟德斯鸠. 论法的精神（上）[M]. 张雁深, 译. 北京: 商务印书馆, 1982: 154.

[98] AHARONY, JOSEPH, JEVEONS C. LEE, T. J. WONG. Financial packaging of IPO firms in China [J]. Journal of Accounting Research, 2000 (3): 103 - 126.

[99] 邓常青. 财务造假虚假上市　科大创新造假大全 [N]. 证券时报, 2004 - 05 - 21.

[100] 刘俏, 陆洲. 公司资源的"隧道效应"——来自中国上市公司的证据 [J]. 经济学（季刊）, 2004（2）: 437 - 455.

[101] 唐爱群, 陈文银, 白硕. 上市公司股权结构优化问题研究 [J]. 西南农业大学学报, 2006（3）.

[102] 陈小悦, 肖星, 过晓艳. 配股权与上市公司利润操纵 [J]. 经济研究, 2000（1）: 30 - 36.

[103] 陆建桥. 中国亏损上市公司盈余管理实证研究 [J]. 会计研究, 1999（9）: 25 - 35.

[104] FRIEDMAN ERIC, SIMON JOHNSON, TODD MITTON. Propping and tunneling [R]. NBER Working Paper, 2003.

[105] 郑志刚. 新兴市场分散投资者投资"金字塔结构"公司的激励 [J]. 经济研究, 2005（5）: 88.

[106] 刘朝晖. 外部套利、市场反应与控股股东的非效率投资决策 [J]. 世界经济, 2002（7）.

[107] 高景霄, 魏占杰. 控股股东利益侵占与会计行为异化关系的分析 [J]. 统计与决策, 2009（3）.

[108] 费方域. 什么是公司治理 [J]. 上海经济研究. 1996（5）: 29 - 37.

［109］青木昌彦，钱颖一. 转轨经济中的公司治理结构 ［M］. 北京：中国经济出版社，1995.

［110］BLAIR M. Ownership and control：rethinking corporate governance for the twenty - first century ［M］. Washington D. C. ：The Brooking Institution，1995.

［111］CADBURY A. The cadbury report：the UK perspective ［J］. Keynote Address the First Asian - Pacific Corporate Governance，1993：325 - 343.

［112］张维迎. 所有制、治理结构及委托代理关系 ［J］. 经济研究，1996（9）：3 - 15.

［113］周叔莲. 中国 20 年国有企业改革回顾与展望 ［J］. 理论学刊，1998（4）：44 - 45.

［114］DAVID P. Clio and the economics of QWERTY ［J］. American Economic Review，1985（75）：2.

［115］ARTHUR W. B. Competing technologies，increasing returns and lock - in by historical events ［J］. Economic Journal，1989（99）：116 - 131.

［116］ARTHUR W. B. Increasing returns and path dependence in the economy ［M］. Michigan：The University of Michigan Press，1994.

［117］NORTH D. C. Institutions，institutional change，and economic performance. Cambridge：Cambridge University Press，1990：3 - 4, 94 - 99, 118 - 140.

［118］BEBCHUK L. ，ROE M. J. A theory of path dependence in corporate ownership and governance//Corporate Governance Today. The Sloan Project on Corporate Governance at Columbia Law School. New York：Columbia Law School，1998：575 - 599.

[119] 王应静. 基于路径依赖理论的中国企业家激励机制研究 [D]. 南京：南京理工大学，2005.

[120] 邴红艳. 中国公司治理的路径依赖——理论与实证分析 [J]. 中国工程科学，2004 (2).

[121] 青木昌彦. 经济体制的比较制度分析 [M]. 北京：中国发展出版社，1999：30.

[122] 道格拉斯·C. 诺思. 经济史中的结构与变迁 [M]. 上海：上海三联书店，上海人民出版社，1994.

[123] 高景霄，魏占杰. 论我国公司治理的路径依赖 [J]. 财会月刊，2009 (11)：3-5.

[124] 植草益. 微观规制经济学 [M]. 北京：中国发展出版社，1992：19.

[125] 丹尼尔·F. 史普博. 管制与市场 [M]. 上海：上海三联书店，上海人民出版社，1999：45.

[126] 保罗·萨缪尔森，威廉·诺德豪斯. 经济学 [M]. 17 版. 北京：人民邮电出版社，2004：628.

[127] 阎达五，支晓强. 论会计管制 [J]. 中国农业会计，2003 (1)：10.

[128] HAWKINS. The development of modern financial reporting practices among american manufacturing corporation [J]. Business History Review, 1963 (37).

[129] CHATFIELD. A history of accounting thought [M]. New York：Krieger Publishing Company, 1977.

[130] CLAIRE. Evolution of corporate reports [J]. Journal of Accountancy, 1945.

[131] 杜兴强，章永奎. 财务会计理论 [M]. 厦门：厦门大学出版社，2005.

[132] 杨纪琬. 现代会计手册 [M]. 北京：中国财政经济

出版社，1987.

［133］陆建桥. 后安然时代的会计与审计——评美国《2002 年萨班斯——奥克斯利法案》及其对会计、审计发展的影响［J］. 会计研究，2002（10）.

［134］NELSON M., J. ELLIOTT, R. TARPLEY. Evidence from auditors about managers' and auditors' earnings‐mangement decision［J］. The Accounting Review, 2002（77）.

［135］WATTS, ZIMMERMAN. The demand for and supply of accounting theory：the market for excuses［J］. The Accounting Review, 1979（4）.

［136］杜兴强. 注册会计师审计中的监督博弈及保险问题［J］. 审计研究，2002（3）：45.

［137］高景霄，魏占杰. 论会计管制与会计行为异化的互动关系［J］. 中国乡镇企业会计，2009（1）.

［138］林炳沧. 新会计大战［M］. 北京：中国时代经济出版社，2003：373－374.

［139］高景霄. 控股股东与注册会计师合谋的博弈分析［J］. 会计之友，2009（2）.

［140］贾明，万迪昉，张喆. 中国上市公司配股认购不足的理论与实证分析［J］. 当代财经，2006（9）.

［141］林翔，许一中，陈宏，田静，陈林. 财务、内控视角的德隆危机解读［J］. 财会通讯，2005（3）.

［142］黄世忠，叶丰滢. 上市公司报表粉饰新动向：手段、案例与启示［J］. 财会通讯，2006（1）.

［143］汤谷良，林长泉. 德隆事件印证财务规则［J］. 财务与会计，2004（11）.

［144］付君. 上市公司关联交易内部控制研究［J］. 财会通讯，2008（4）.

［145］刘颖斐，余玉苗. 上市公司独立董事的角色和功能定位及其实现状况分析 ［J］. 财会通讯，2004 （12）.

［146］LOEBBECKE J., M. EINING, J. WILLINGHAM. Auditor's experience with material irregularities: frequency, nature and detectability ［J］. Auditing: A Journal of Practice & Theory, 1989 （2）: 1 - 28.

［147］BELL T., CARCELLO J. A decision aid for assessing the likelihood of fraudulent financial reporting ［J］. Auditing: A Journal of Practice and Theory, 2000 （19）: 169 - 178.

［148］BENEISH M. Detecting GAAP violation: implications for assessing earnings management among firms with extreme financial performance ［J］. Journal of Accounting and Public Policy, 1997 （16）: 271 - 309.

［149］BEASLEY M. An empirical analysis of the relation between the board of director composition and financial statement fraud ［J］. Accounting Review, 1996, 71 （4）: 443 - 466.

［150］GREEN B. P., CHOI J. H. Assessing the risk of management fraud through neural network technology ［J］. Auditing: A Journal of Practice and Theory, 1997, 16 （1）: 14 - 28.

［151］肖星，陈晓. 财务报表结构与利润操纵的特征和识别 ［J］. 审计研究，2003 （4）: 14 - 18.

［152］王斌，梁欣欣. 公司治理、财务状况与信息披露质量——来自深交所的经验证据 ［J］. 会计研究，2008 （3）.

［153］方军雄. 我国上市公司财务欺诈鉴别的实证研究 ［J］. 上市公司，2003 （4）.

［154］FAN, T. J. WONG. Corporate Ownership structure and the information of accounting earnings in East Asia ［J］. Journal of Accounting and Economics, 2002.

[155] FERDINAND A., GUL, SIDNEY LEUNG. Board leadership, outside directors' expertise and voluntary corporate disclosures [J]. Journal of Accounting and Publicy, 2004.

[156] HO, WONG. A study of the relationship between corporate governance structures and the extent of voluntary disclosure [J]. Journal of International Accounting Auditing and Taxation, 2001 (10): 139 - 160.

[157] 崔伟, 陆正飞. 董事会规模独立性与会计信息透明度——来自中国资本市场的经验证据 [J]. 南开管理评论, 2008 (2).

[158] 袁春生, 韩红灵. 董事会规模影响财务舞弊的机理及其实证检验 [J]. 商业经济与管理, 2008 (3).

[159] CHARLES J. P. CHEN, BIKKI JAGG. Association between independent non - executive directors, family control and financial disclosures in Hong Kong [J]. Journal of Accounting and Public Policy, 2000.

[160] 吴清华, 王平心. 公司盈余质量: 董事会微观治理绩效之考察 [J]. 数理统计与管理, 2007 (1).

[161] HEMALIN B., WEISBACH. The effects of board composition and direct incentive on firm performance [J]. Financial Management, 1991 (20): 101 - 112.

[162] 阎达五, 王建英. 上市公司利润操纵行为的财务指标特征研究 [J]. 财务与会计, 2001 (10): 21 - 25.

[163] BENNEDSEN MORTEN, WOLFENZON DANIEL. The balance of power in close corporations [M]. Havard University, 1999.

[164] 辛志红, 胡培. 上市公司大股东治理下的股权制衡

于中小股东权益保护［J］. 经济体制改革, 2003 (4).

［165］博登海默. 法理学——法律哲学与法律方法［M］. 邓正来, 译. 北京: 中国政法大学出版社, 1999: 239.

［166］布莱恩·R. 柴芬斯. 公司法: 理论、结构和运作［M］. 林华伟, 等, 译. 北京: 法律出版社, 2001.

［167］张庆. 我国上市公司独立董事制度与中小股东的利益保护［J］. 经济管理, 2006 (21): 29 - 34.

［168］APRIL KLEIN. Audit committee, board of director characteristics, and earnings management［J］. Journal of Accounting andEconomic, 2002 (8): 375 - 400.

［169］COSO, Internal Control - A Integrated Framework, 1992.

［170］WEISBACH M. Outside directors and CEO turnover［J］. Journal of Financial Economics, 1998 (20): 431 - 460.

［171］陈志武. 安然: 华尔街完美案例［M］. 北京: 中国城市出版社, 2002.

［172］新文化报.［2009 - 6 - 12］. http://www. sina. com. cn.

［173］刘俊海. 股份有限公司股东权的保护［M］. 北京: 法律出版社, 1997: 215.

［174］高明华, 刘金玲. 独立董事和监事会的职权冲突及制度选择［J］. 中国社会科学院研究生院学报, 2006 (6): 29 - 35.

［175］黄健柏. 我国经理人市场激励契约设计与效率研究［D］. 长沙: 中南大学, 2004.

［176］黄群慧, 李春琦. 报酬、声誉与经营者长期化行为的激励［J］. 中国工业经济, 2001 (1): 58 - 63.

［177］HART. Corporate Governance: Theory and Implication
［J］. Economics Journal, 1995 (105): 678 - 703.

［178］PISTOR K. Law as a determinant of equity market devel-
opment ［R］. Unpublished working paper. Cambridge: Harvard Uni-
versity. 1999.

［179］ALLEN, FRANKLIN, JUN QIAN, MEIJUN QIAN.
Law, finance and economic growth in China ［J］. research paper
No. 03 - 21. Institute for Law and Economics. University of Penn-
sylvania, 2002.

［180］LA PORTA R. , LOPEZ - DE - SILANES F. , SHLEIF-
ER A. , R. VISHNY. Investor protection and corporate governance
［J］. Journal of Financial Economics, 2000 (58): 3 - 27.

［181］仇俊林, 肖芳林. 我国政府会计监管存在的问题及
对策 ［J］. 商业会计, 2008 (2): 56.

［182］张雪南, 刘新琳, 周兵. 制度、制度供给与注册会
计师管理体制的路径选择 ［J］. 审计研究, 2007 (1): 81 - 85.

［183］王军. 认真学习贯彻企业会计准则体系, 切实维护
资本市场稳定持续发展 ［J］. 会计研究, 2007 (1).

［184］毕秀玲. 论政府会计监管与其他会计监管之间的调
适 ［J］. 齐鲁珠坛, 2005 (3): 3 - 5.

# 后　记

　　本书是在笔者博士论文的基础上扩充修改而成的。书稿的主体内容，在2009年11月笔者答辩前即已完成。经过一年的修改，即将出版，无限感慨涌上心头。本书得以出版，需要感谢的人太多太多！

　　首先感谢我的导师邓明然教授。我的博士论文是在他的悉心指导下完成的，无论是在论文的选题、框架设计，还是具体研究过程，直至论文的最后定稿，恩师都给予了悉心指导。恩师渊博的知识、敏锐的洞察力、严谨的治学精神、诲人不倦的师德和谦和的人品，深深教育和启发着我。在本书出版之际，特向导师致以崇高的敬意和诚挚的祝福！

　　诚挚感谢秦远建教授、王威孚教授、杨青教授和晏敬东教授在论文开题过程中的指导与帮助，他们渊博的知识、严谨的学风将时刻激励着我。

　　感谢魏林燕教授、郭立田教授、袁振兴教授、李桂荣教授、母爱英教授、刘海云教授、张志英教授等在论文写作过程中给予的无私帮助。与他们的交流不仅丰富了我的知识，更拓宽了我的视野。正是因为他们的鼓励使我直面困难，本书才最终得以完成。

最后，还要感谢我的先生和儿子。这几年我亏欠他们太多，没有他们的理解、支持和关爱，就不会有本书的出版。

另外，本书为作者高景霄2010年承担的河北省社会科学基金项目《河北省国有企业公司治理与会计行为互动关系研究》的阶段性成果，项目编号为HB10XGL004，感谢河北省社会科学基金、河北经贸大学学术著作出版基金和河北经贸大学会计学院河北省重点学科会计学学科建设基金的资助。

高景霄

2011 年 3 月